猛兽股
启示

顶级专业股票交易者如何实现三位数回报

MONSTER STOCK LESSONS
2020-2021

[美] 约翰·波伊克 John Boik 著 / 于海鹏 译

中国青年出版社
CHINA YOUTH PRESS

图书在版编目（CIP）数据

猛兽股启示：顶级专业股票交易者如何实现三位数回报 /（美）约翰·波伊克著；于海鹏译. —北京：中国青年出版社，2023.7
书名原文：Monster Stock Lessons: 2020–2021
ISBN 978-7-5153-6966-2

Ⅰ. ①猛… Ⅱ. ①约… ②于… Ⅲ. ①股票交易 – 基本知识 Ⅳ. ①F830.91

中国国家版本馆CIP数据核字（2023）第083369号

Monster Stock Lessons: 2020-2021
Copyright © 2022 by John Boik
Originally published by John Boik in 2022. Simplified Chinese edition published in arrangement with Harriman House Ltd www.harriman-house.com
Simplified Chinese Translation copyright © 2023 by China Youth Press
All rights reserved.

猛兽股启示：
顶级专业股票交易者如何实现三位数回报

作　　者：	［美］约翰·波伊克
译　　者：	于海鹏
责任编辑：	肖　佳
文字编辑：	步欣旻
美术编辑：	张　艳
出　　版：	中国青年出版社
发　　行：	北京中青文文化传媒有限公司
电　　话：	010-65511272 / 65516873
公司网址：	www.cyb.com.cn
购书网址：	zqwts.tmall.com
印　　刷：	大厂回族自治县益利印刷有限公司
版　　次：	2023年7月第1版
印　　次：	2023年7月第1次印刷
开　　本：	880mm×1230mm　1 / 32
字　　数：	111千字
印　　张：	5.25
京权图字：	01-2022-6537
书　　号：	ISBN 978-7-5153-6966-2
定　　价：	49.90元

版权声明

未经出版人事先书面许可，对本出版物的任何部分不得以任何方式或途径复制或传播，包括但不限于复印、录制、录音，或通过任何数据库、在线信息、数字化产品或可检索的系统。

中青版图书，版权所有，盗版必究

目 录

前 言 005

新高/新低 | 008

MVP股 | 012

移动平均线 | 014

成交量 | 016

价格 | 017

图表 | 017

第一章 2020年 021

顶级交易者 | 077

第二章 2021年 083

顶级交易者 | 128

第三章 启示 131

启示1 | 133

启示2 | 134

启示3 | 135

启示4 | 135

启示5 | 136

结 语 161

推荐作品列表 163

关于作者 165

致 谢 167

前　言

《猛兽股启示》（Monster Stock Lessons 2020—2021）将带领你浏览2020年和2021年的股票市场，并分析许多达到猛兽股标准的领导股。说明一下，《猛兽股》（Monster Stocks）中是这样定义猛兽股的：

短期内价格至少翻倍的股票。就历史上的猛兽股而言，这里的"短期"通常指4—18个月。大多数股票将落在这一范围的中部，因为在快速上涨的猛兽股中，获利最丰厚的部分通常出现在6—12个月的主拉升阶段。许多真正的大型猛兽股会在短时间内上涨三四倍，甚至10倍以上。

2020年第1季度，在经历了股市历史上最短的一个陡峭熊市（定义为从近期高点下跌20%或更多）之后，出现了许多强劲的领导股。迅速走出熊市后，少数几个市场领导股推动市场在2020年的剩余时间里和2021年持续走高。这就是为什么当市场修正时，你永远不应该放弃——否则当市场好转时，你将错过许多最好的机会。一些人

前 言

在2020年第1季度接近尾声时放弃了，他们肯定错过了一些很好的机会——当时几十只股票在短时间内达到了极好的状态。但许多在2020年成为超级赢家的最牛领导股在2021年没有继续领先，尽管市场仍保持着上升趋势。通过阅读本书，你将明白为什么当它们展现出优势的时候，你却应该卖出它们。你不会想把那些在上涨过程中获得的大部分利润还回去的。我们将分析这种情况是如何发生的，以及它为什么会发生，这样我们就能在未来的市场周期中牢记所吸取的教训。但是，尽管有一些领导股失去了前一年的领导地位，也有一些在2021年的震荡上升趋势中继续蓬勃发展。我们将看到在2021年板块轮动比2020年更加普遍的背景下，市场是如何产生新的领导股的。

研究市场历史可以帮助我们理解周期性趋势是如何运作的，以及新的机会是如何出现的。同时也可以提供一些线索，帮助我们了解领导股是如何见顶并开始下跌的。持续的上升趋势总是会产生新的领导股，它们会起飞并引领市场。在分析这两年情况的时候，有一点需要注意：在衡量猛兽股——也就是在一年内翻了一倍或更多倍的股票时，我们将以日历年为基础。我这样做只是为了让你看到，一些领导股在一个日历年里翻了一番，以及这样的机会出现了多少次。当然，许多领导股将在跨年度的日期里翻倍。但按日历年来算，就能看出有多少领导股是通过这种方式产生的，以及它们是如何带来巨大收益的。如果处理得当，每年只需要几只猛兽股，就能产生超越指数的回报，就像你很快会在本书中看到的那样。你永远不可能将一只猛兽股从头持有到尾，也永远不可能拥有所有的猛兽股。你的目标应该是

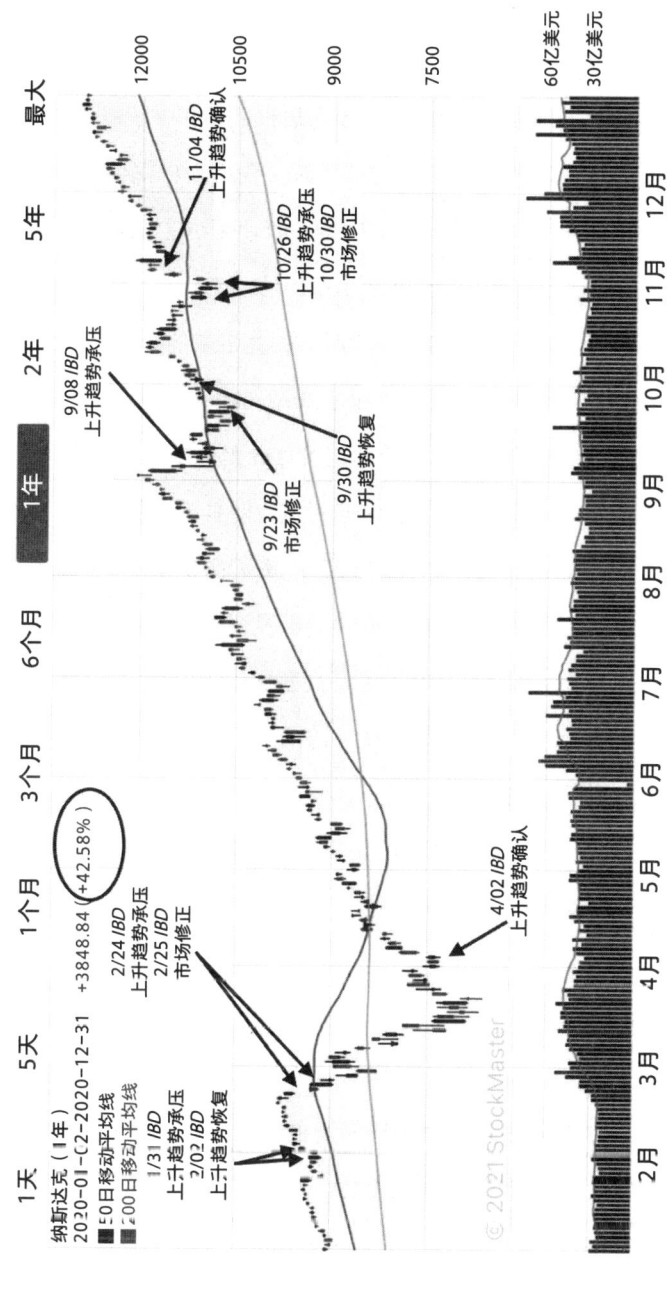

图I-1 纳斯达克（Nasdaq）2020年日线图【来自股票大师软件（StockMaster）】

前言

识别出哪些股票表现出了和过去的赢家股相同的特征,并在它们的上升趋势中进行交易,由此从它们不可思议的运作中获得一部分利润。

在分析2020年和2021年的市场时,我将为你提供几个用来衡量市场总体情况和领导股走势的指标。我使用的主要信息来源是《投资者商业日报》(Investor's Business Daily,以下简称IBD)。几十年来,它每天分析市场的健康状况,由此带来的经验堪称无价之宝。图I-1是纳斯达克的日线图,显示出2020年随着市场健康状态的改变,IBD给出了对市场状况转变的判定(上升趋势确认、上升趋势承压、市场修正和上升趋势恢复)。这些判定会随着市场的变化而做出,而大多数股票通常会跟随市场。2020年,IBD曾3次将市场状况判定为"市场修正"。第一次是在2月底,由于投资者担心新冠肺炎疫情,市场开始出现大量抛售。这是急剧却短暂的熊市的开始。另外两次,一次是在9月底,一次是在10月底。这两次市场回调都是短暂的,很快市场就恢复了上涨的动力。4—8月,市场出现了强劲的不间断上涨趋势,成为大部分最佳涨幅的来源。2020年最后两个月,领导股的表现也非常强劲。

新高/新低

我用来检查市场整体健康状况的另一个指标是市场中创52周新高和新低的股票数量之间的差额。市场有很多辅助指标,也许过多了。有些很好,有些不太好。经过多年的研究,我发现能为市场平均指数提供可靠指引的是对比创52周新高与新低的股票数量。我称两者的差额为"高低指数"或H/L/G。我每天都跟踪它,并将其与整体市场的平均指数进行比较。需要指出的是,这仍然是一个辅助指标。没有什么是比每天观察主要市场平均指数的高低和总体成交量的变化,以及那些在市场上涨时领涨或在下跌中面临卖压的股票行为更有用的了。但历史上,H/L/G在匹配或引领市场行为方面是比较可靠的。如果你仔细想想,就会发现这是有道理的。如果创新高的股票数量没有超过创新低的股票数量,市场就不会形成强劲的上升势头,反之亦然。市场的上升趋势和下降趋势有着不同的强度等级。有些可能比另一些更强或更弱,而有些起伏很大,更难驾驭。很多时候,H/L/G连续几天(或几周)的正值与负值达到的高度或趋势有助于确定整个市场的健康水平。它当然也有趋势,而且它的强弱程度与市场行动的吻合程度令人吃惊。在这本书中,我不会详细介绍这些内容。亚历山大·埃尔德博士(Dr. Alexander Elder)的书(见后文)描述了许多这类数值达到的高度。

我并不是第一个发现这种关联的人。H/L/G已经存在了几十年,经常被许多股票分析公司所使用。吉尔伯特·哈勒(Gilbert Haller)在1965年写了一本名为《哈勒股票市场趋势理论》(*The Haller Theory of Stock Market Trends*)的书。在书中,他对市场的广泛研究集中在新高与新低差额的重要性上。他表示,他"迅速绘制了涵盖数年的新高—新低(NH-NL)指数,发现它确实是衡量市场强弱的一个重要指标"。图I-2就来自他的这本书。他每周计算一次自己的

前　言

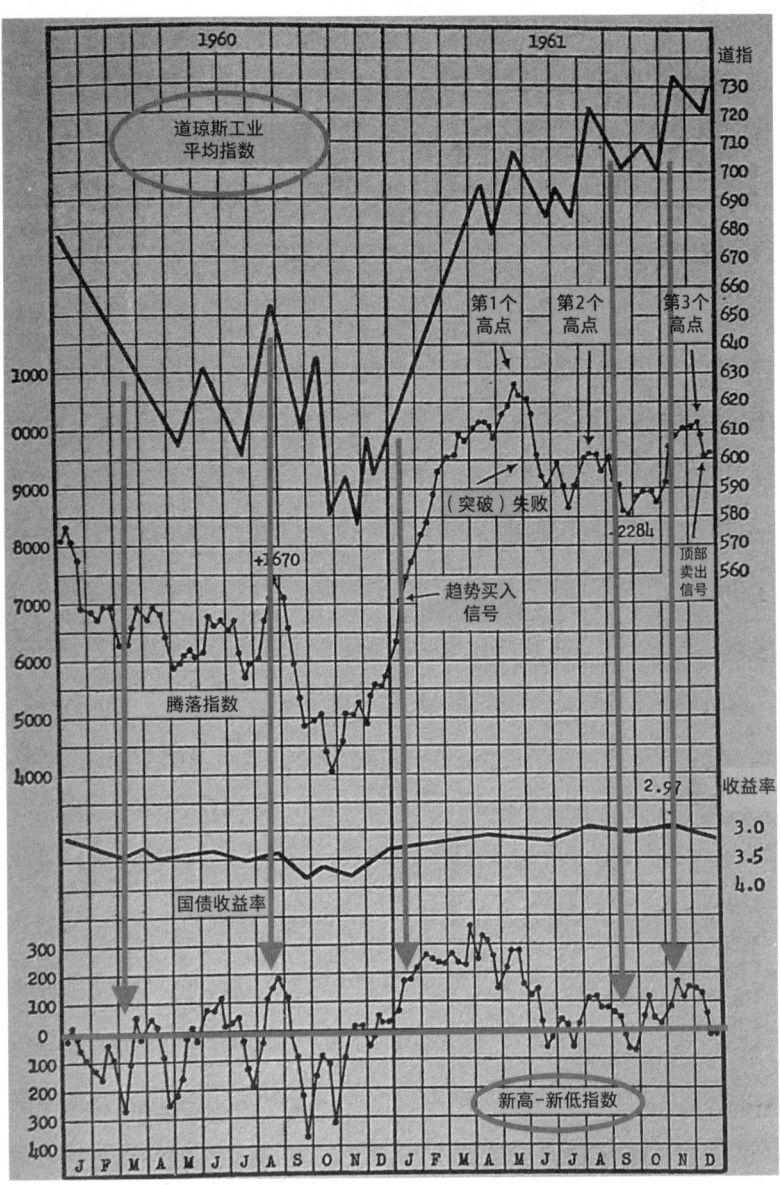

图I-2　NH-NL指数与道琼斯工业指数（1960—1961年）

新高—新低指数。1960年市场基本上跌了一整年，在那一年的年中出现了几次大的拉锯式走势。你可以看到他的新高—新低指数与这一走势的相关性。市场在1961年5月的大部分时间里出现了非常强劲的上升趋势，然后从5月下旬开始出现了剧烈的调整，一直持续到7月底。强劲反弹导致了大幅震荡，直到12月市场再次出现了剧烈调整。你可以在图I-2中清楚地看到他的周新高—新低指数是如何与这两年的市场走势直接相关的。这只是其中一个例子。他还跟踪每周上涨和下跌的股票数量，并计算出他所称的"腾落指数"。

亚历山大·埃尔德博士是许多优秀交易图书的作者，他写了一本专门研究该指数的书，名为《新高—新低指数》(*The New High-New Low Index*)，我强烈推荐这本书。书中的一个关键点是，他发现了该指数是如何成为股市的领先指标的——在日线或周线上。他的研究表明，对买进、卖出股票或什么都不做的时机的把握，都可以通过跟踪该指数的趋势和高低水平来改善。此外，根据该指数的高低水平和状态，人们可以衡量市场趋势在两个方向上的强弱程度。通过阅读本书对这两年市场状况的分析，你将会发现这个结论是多么的准确。

在我看来，杰拉尔德·勒布（Gerald Loeb）是过去50多年来最成功的交易者之一，他的投资经历始于20世纪20年代，直至20世纪70年代。他也经常使用这个指数。如今，许多顶级交易者每天都在跟踪这一指数，并将其与整个市场的走势进行比较。我使用*IBD*在其订户网站上提供的每日新高和新低数据。该数据不包括股价低于10美元的股票和每天交易量低于1万股的股票。这样，IBD就剔除了市场中那些不重要的股票，与其他包含所有股票数据的统计有所不同。就像哈勒在20世纪60年代发现的那样，这一指数可以非常精确地跟踪总体市场的健康状况。图I-3包含了2020年纳斯达克指数的日线图，其下方呈现了我按照IBD网站每天提供的数据计算的新高—新低差额，以及由此绘制而成的图表。我们可以清楚地看到两者之间的相关性（由于其框架与市场相关，下面的图表不能完美地对齐，我用箭头将二者相同的时点进行了连接）。在第二章中，我将展示2021年的相同信息。

MVP股

在追踪那些成为猛兽股的领导股时，我们会看到几乎所有历史上的大赢家股都有一些共同的特征。保持简单也是可行的。这本小书不会分析每一只股票的基本面数据。可以说，历史上所有的猛兽股在向上拉升时都有着强大的基本面。就算它们在之前或当时不具备提高利润和销售额的能力，也可以预计它们即将获得强劲的利润增长和稳固的销售增长——这往往会成为股价持续上涨的重要原因。如果这些数据在行情发展过程中令人失望，那么这通常标志着一只股票上升趋势的结束。由于书中分析的大部分股票都来自IBD的列表，所以可以肯定的是，基本面因素在股票表现中发挥着重要作用。

许多顶级交易者在屏幕前对数百只股票进行分类排序，寻找基底、支撑区域和高潮冲刺等结构。相对强度（RS）是衡量一只股票

前 言

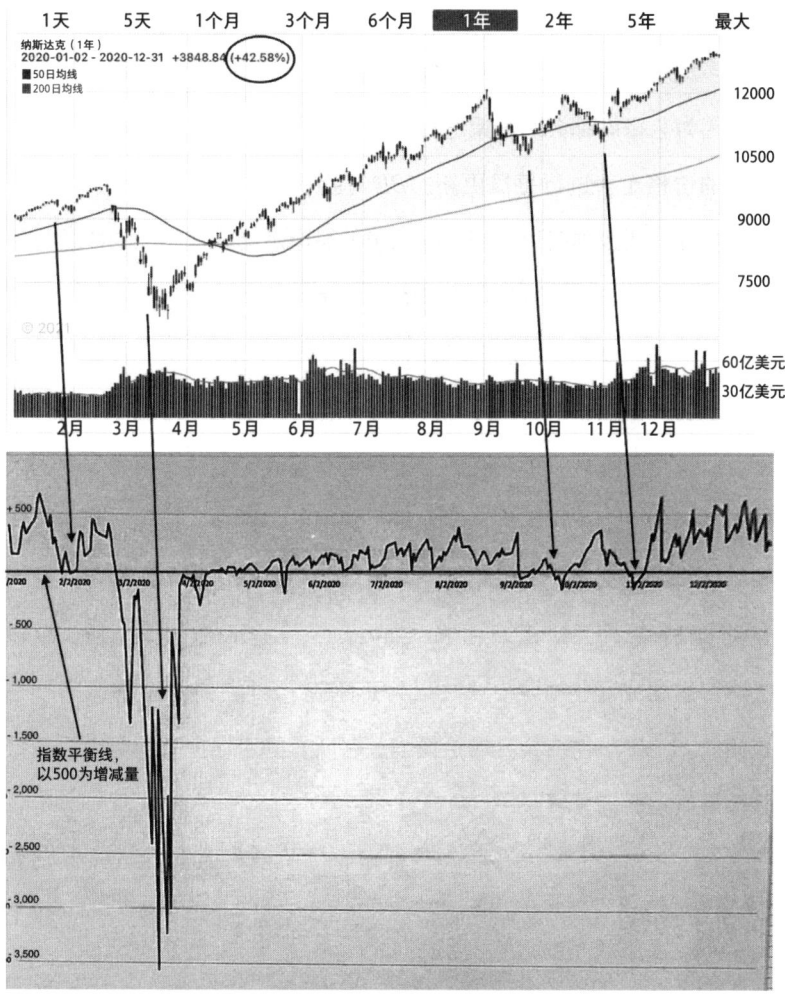

图1-3 2020年纳斯达克指数与新高—新低指数（来自股票大师软件）

前 言

强弱的重要指标，因为它将这只股票与所有其他股票相关联。它也是许多成功的交易者最喜欢跟踪的指标。我使用*IBD*作为我的筛选工具，因为它每周都会对股票进行严格的筛选以生成几个列表，并根据当前的价格走势进行每日更新。*IBD*对股票的基本面和相对强度有严格的标准，所以你可以放心，它列出的股票从当前或预期的收益与营收角度，以及价格表现的角度来看，都是领军者。

当我为2007年出版的《猛兽股》做研究时，我非常积极地观察市场，发现那些基本的关键指标多年来在不同的市场周期中始终保持不变。这并不意外，市场在历史上并没有多大的变化，因为不变的人性是市场的主要决定因素。我发现了通用的关键技术指标，那就是移动平均线、成交量和价格走势。当股票的表现在这三个方面都非常积极时，我称它们为MVP（moving average, volume, price）股。就像在体育运动或商业领域中一样，MVP们都是表现杰出者。股票市场也是如此。MVP股往往会变成猛兽股。在所有的市场上升趋势中，猛兽股都是最顶级的领导股。

移动平均线

一位非常成功的传奇交易者曾经说过："200日移动平均线（以下简称'200日均线'）以下不会有好事发生。"该区域是许多未来领导股在大幅调整后的筑底区域，200日均线被视为长期移动平均值。许多领导股将在那里得到支撑并开始构筑基底。但那些上升到猛兽股地位的成长股早就将这一区域甩在了身后。它们在上涨过程中越过了50日移动平均线（以下简称"50日均线"）区域，构建了更加健康的基底形态。50日均线区域被视为中期移动平均值。威廉·欧奈尔（William J. O'Neil）和许多机构交易者以及个人交易者都曾将这一区域作为衡量股票总体强弱的一个指标。上升的50日均线表明股票正处于上升趋势。21日移动平均线（以下简称"21日均线"）区域（基本上是一个月的交易周期）是一个较短的中期移动平均值，近年来已经被更多的人所接受，并被许多顶级交易者使用。它在《猛兽股》中被多次提及，书中阐明了它在猛兽股上涨过程中的重要性。短期指标是10日移动平均线（以下简称"10日均线"），它同样被许多顶级交易者使用。我使用一个简单的系统来给我的股票评分，类似于学校给学生的评级。这可以帮助我以一种非常简单的方式对股票进行分类。我只喜欢持有A级和B级的股票。

A级：高于10/21/50/200日均线

B级：高于21/50/200日均线，但低于10日均线

C级：高于50/200日均线，但低于10/21日均线

D级：高于200日均线，但低于10/21/50日均线

E级：低于上面列出的所有移动平均线

出于本书的写作目的，我会在本书的图表中简略展示21日均线和50日均线。正如我说过的，这些图表中的200日均线区域已经被超越，

前言

对于处于筑底、突破和上涨阶段的领导股来说，200日均线已经是过去式了。我会时不时地提到10日均线，但是大多数的股价表现，即突破、拉升和见顶过程将会集中在21日均线和50日均线区域。这是中短期的时间框架，大部分猛兽股会在这期间经历强劲的上涨，这也是它们获利最丰厚的部分。所有最强势的股票都会在上文提到的所有移动平均线上方运行。

成交量

　　成交量一直是并将继续是衡量市场对强劲上涨股票的需求的重要指标，而成交量与股价走势的相关性，则是衡量一只股票过去和未来强弱的最明确信号。成交量一直是许多历史上和当今顶级交易者的一个关键性跟踪指标。股票的日均成交量也能反映其流动性特征。本书中，我只会分析和介绍平均每天成交100万股或更多的股票。这些通常是机构投资者青睐的股票。如果他们想介入某只股票，就会留下难以隐藏的足迹（在成交量水平上）。正是他们对某只股票的参与导致其价格产生大幅波动。作为一名个人投资者，你的目标应该是找到大资金的投资方向，并跟随它。

　　本书中的图表将持续关注成交量的变化，以及成交量是如何在股价变动中发挥关键作用的。不论是在上涨时成交量为正，还是在下跌时成交量为负，成交量都是股价趋势的关键性决定因素。你的目标是跟随领导股的上升趋势。记住，趋势是你的朋友，你不能和你的朋友对抗。

价格

价格是我们依靠的最终衡量标准。与股票有关的一切（基本面、新闻、专家的观点等）最终都会体现在它的价格上。无论价格是上涨还是下跌，作为一名交易者，你都是通过它的变化来管理你的风险水平的，而且这些价格变化决定了你是买入、卖出、持有还是完全避开一只股票。决定你的投资成败的，是你的风险管理技巧、价格随市场动态变化所带来的恰当时机，以及你参与交易的领导股。我们都想让自己的利润最大化，其中一个办法就是投资和交易表现最好的，并最终成为猛兽股的领导股。

图表

书中的股票分析图表将指出每只股票的关键价格走势特征。重点关注的主要技术信号包括基底区域的突破，成交量特征（上涨和下跌时），以及股票在关键的21日均线和50日均线区域附近的表现。注意，我多次使用了"区域"这个词而不是"线"。在这些关键区域获得支撑的股票很少会完美地触碰这些均线然后反弹（尽管你会在本书中看到一些）。许多牛股会跌破移动平均线，并在它下方停留数日或更久，但没有造成太大的损害。在此期间应密切关注成交量水平，因

前言

为股票是会恢复上涨还是会继续在这些关键区域附近徘徊，成交量水平将提供重要的线索。

你在图表上看到的大多数跳空上涨（或跳空下跌）都是财报公布引起的反应。在缺口处买入是许多顶级交易者的策略。许多交易者会在财报公布之前削减头寸，因为令人失望的财报会带来高风险，失望情绪会导致严重的负面反馈甚至向下的跳空缺口。超预期的财报往往会导致盘后交易或开盘时出现跳空缺口，显示机构投资者正以强劲的购买力涌入该股。

随着股票在上涨过程中翻倍并变成猛兽股，回调通常会在不久后出现。在领导股上涨的过程中，随着它们价格的拉升和交易者的获利回吐，会出现很多次回调。当股价迅速上涨时，许多顶级交易者会将他们的部分头寸强势卖出。在上行过程中实施的卖出策略和在关键支撑区域附近实施的买入策略将在"经验教训"一章中讨论。

我建议你学习一下《猛兽股》，以获得对这里介绍的许多概念的更深入描述。这本书也会成为一本图表学习书。它关注的是这些年表现最优秀的股票中的佼佼者。研究表现最好的MVP股可以在未来的市场周期中帮助你，因为图表形态会在市场中重复出现。请务必查看所有的图表，研究和理解每一张图表中的关键点——图表研究是市场最好的老师之一。许多史上最优秀的股票交易者都成了解读图表的大师。价格和成交量分析是关键——历史上一直都是如此，且2020年和2021年再次证明了这一点——无论是在上涨时还是在下跌时。股票在关键移动平均线附近的表现也能提供重要线索，告诉你拥有大资金的投资者和交易者在做什么。这些区域会成为股票的支撑位或阻力位吗？它们是处于上升趋势还是下降趋势？在股市这样不确定的环境中，这些都是关键因素。

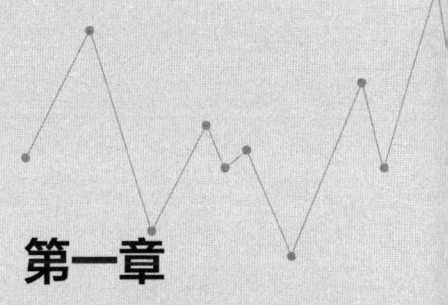

第一章

2020 年

2020年

随着市场的持续攀升,新的10年隆重登场,并延续了2019年第4季度的强劲上升趋势。当时的一些领导股是中概股,包括阿里巴巴(BABA)、老虎证券(TIGR)、亿航智能(EH)和挚文集团(MOMO)。在本书中,我在大部分情况下都会用股票代码来代替股票名称。其他的领导股包括Lumentum控股(LITE)和贝宝(PYPL)等,仅举几个例子。1月份行情是向上的,但在接近月底时,我们开始感受到新冠肺炎疫情的早期影响。

到了2月的第3周,新冠肺炎疫情开始产生重大影响。市场上出现了一连串的出货日,自2019年第4季度开始,H/L/G首次出现了负值,领导股放量跌破了关键的移动平均线。随着时间的推移,抛售也在持续发生。到了2月的最后一周,抛售浪潮愈演愈烈。2月24日,*IBD*将其市况评级调整为"上升趋势承压"(见图I-1)。第二天,*IBD*再次改变了它的观点——这次是"市场修正",因为大量的抛售仍在持续发生。3月是恐慌性抛售的一个月,股指暴跌,对新冠肺炎疫情的担忧开始产生重大影响。正如威廉·欧奈尔曾经说过的,"当他们突袭一所房子时,通常会抓住所有人,最终所有的领导股都会屈服于

第一章

抛售"。这显然是事实，2020年3月将成为市场历史上最糟糕的月份之一。

由于对新冠肺炎疫情蔓延的恐惧，以及它可能对医疗、工作习惯、体育和娱乐、旅游和社交聚会等方方面面产生的影响，市场做出了螺旋式下跌的反应。在连续4周的大规模抛售之后，到3月份的第3周，当年的道琼斯工业指数已经下跌了33%（见图1-1）。

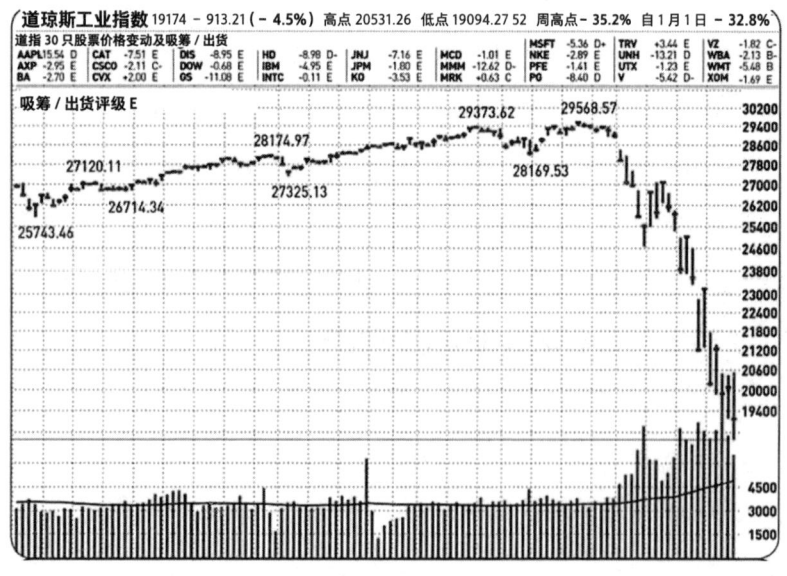

图1-1　2020年1月至2020年3月道琼斯工业指数日线图（来自*IBD*）

不过，也有一些股票顶住了抛售压力，并开始显示出复苏迹象。随着企业纷纷关闭了办公室，居家办公成为主流，一些代表着新工作面貌的股票开始迅速摆脱抛售压力，展现出良好的前景。这就是为什么人们不应该放弃市场或将目光从市场上移开。即使是在股票将要经历的残酷下降趋势中,保持关注也是明智的,因为上升趋势随时可能出现。在下降趋势中表现最好的股票通常会在随后的上升趋势中成为猛兽股。这种情况贯穿了整个市场的历史,2020年春天也是如此。以下是2020年3月21日周末观察列表中的几个例子(见图1-2)。这里需要注意的是:我列出的*IBD*研究中带有注释的观察列表图片都来自我当时的个人交易日志。

Zoom视频通讯(ZM)和DocuSign电子签名公司(DOCU)被视为在人们被迫进行远程办公这一背景下最先获益的股票。在整个4周的行情中,ZM一直在上涨,而DOCU最初大幅下跌,但很快就在巨大的成交量中恢复了。跟谁学(GSX)在市场抛售期间回落至50日均线区域,但之后又获得了支撑。

3月的最后一周,抛售开始放缓,根据*IBD*的数据计算出的H/L/G虽然仍是负值,但在当时已低至两位数(见图I-3),而几周前还高达数千。根据历史经验,以千计的负数很少能持续超过几周。该指数时常显示出在这方面的预测能力。过去,这种极端的数据——无论是正数还是负数——往往会导致市场走向的转变。2020年4月2日,*IBD*将其市况评级改为"上升趋势确认"(见图I-1)。更多股票开始上涨,一些潜在的领导股表现出积极的成交量,并在关键的移动均线附近获得了支撑。2020年4月9日,H/L/G自该年2月21日以来首次转为正值,打破了连续33天为负值的纪录。图1-3是4月第二周一些呈现出上涨潜力的股票。

第一章

*Grp（n）：行业排名（下同）　　　　　　*（n）Qtrs EPS：最近（n）季度每股收益平均增幅
*Comp. Rating：综合排名（下同）　　　　　（下同）
*EPS[①]：每股收益评级（下同）　　　　　　*Eps Due：财报发布日（下同）
*RS：相对强度（下同）　　　　　　　　　　*R&D：研发费用占比（下同）
*ROE：净资产收益率（下同）　　　　　　　*Acc/Dis：吸筹/出货评级（下同）
*PE：市盈率（下同）　　　　　　　　　　　*Sup/Demand：供需比评级（下同）
*Avg. D. Vol：日均成交量（下同）　　　　　*YTD：年初至今（下同）
*Debt：负债率（下同）　　　　　　　　　　*Next Qtr Eps Est：下季度预估每股收益增幅（下同）
*Last Qtr EPS：上季度每股收益增幅（下同）　*PreTax Mgn：税前利润率（下同）
*Prior Qtr：上上季度每股收益增幅（下同）　*（n）Qtrs Avg EPS：最近（n）季度每股收益平均
*Last Qtr Sales：上季度销售收入增幅（下同）　增幅（下同）

图1-2　周末图表观察列表，2020年3月（来自 *IBD*）

[①] 编者注：每股收益评级是指根据当前季度和年度收益增长，将每只股票从99（最佳）到1（最差）排名。最佳股票的每股收益评级通常为95或更高，这意味着它们在每股收益增长方面处于所有股票的前5%。

2020 年

6 Lumentum控股（LITE）　　Grp 7　　79.20美元
7400万股　　Comp.Rating 99　　EPS 95　　ROE 25%
为检查和生命科学领域制造光纤和光子产品。
Ann. EPS Gro* +44%　PE 17　Avg. D. Vol 1 708 600股　Debt 32%
Last Qtr EPS +33% ▲ Prior Qtr +9% ▼ Last Qtr Sales +23%
1 Qtrs EPS >15%
Eps Due 5月7日
R&D 12%

4 维我软件（VEEV）　　Grp 6　　o*162.17美元
1.327亿股　Comp.Rating 99　EPS 99　RS 92　ROE 24%
为生命科学行业的公司开发基于云的销售或营销软件。
Ann. EPS Gro +47%　PE 74　Avg. D. Vol 802 900股　Debt 0%
Last Qtr EPS +20% ▲ Prior Qtr +33% ▼ Last Qtr Sales +34%
8 Qtrs EPS >15%
Eps Due 6月2日
R&D 19%

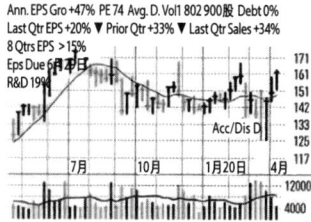

9 英伟达（NVDA）　　Grp 8　　o262.95美元
5.814亿股　Comp.Rating 99　　EPS 93　　ROE 33%
设计用于个人电脑、工作站、游戏机和移动设备的图形处理单元。
Ann. EPS Gro +18%　PE 45　Avg. D. Vol 16 502 100股　Debt 16%
Last Qtr EPS +136% ▲ Prior Qtr - 3% ▲ Last Qtr Sales +41%
1 Qtrs EPS >15%
Eps Due 5月16日
R&D 26%

20 AMD半导体公司（AMD）　　Grp 8　　o48.38美元
11.47亿股　Comp.Rating 99　EPS 73　RS 97　ROE 37%
为计算机和消费电子设备设计微处理器、嵌入式媒体/图形处理器和芯片组。
Ann. EPS Gro +190%　PE 76　Avg. D. Vol 81 877 000股　Debt 17%
Last Qtr EPS +300% ▲ Prior Qtr +38% ▲ Last Qtr Sales +50%
2 Qtrs EPS >15%
Eps Due 4月30日
R&D 23%

DocuSign电子签名公司（DOCU）　　YTD +22%　90.63美元
1.415亿股　Comp.Rating 99　　EPS 84　　RS 97　　ROE 10%
提供电子签名解决方案，使企业能够以数字方式准备、制定和执行协议。
PE 292 Avg. D. Vol 3 121 600股　Debt 85%
Last Qtr EPS +100% ▼ Next Qtr Eps Est* +43% Last Qtr Sales +38%
3 Qtrs Avg EPS +344%　PreTax Mgn 7%
Eps Due 6月6日　Grp 17
R&D 17%

德康医疗（DXCM）　　Grp 14　　o275.27美元
8980万股　Comp.Rating 99　　EPS 76　　RS 98　　ROE 22%
开发糖尿病患者使用的便携式持续血糖监测系统。
PE 150 Avg. D. Vol 1 327 900股　Debt 120%
Last Qtr EPS +105% ▼ Prior Qtr +261% ▲ Last Qtr Sales +37%
3 Qtrs EPS >15%
Eps Due 4月28日
R&D 19%

*Ann. EPS Gro：每股收益年增幅
* "o"：表示该股有期权

第一章

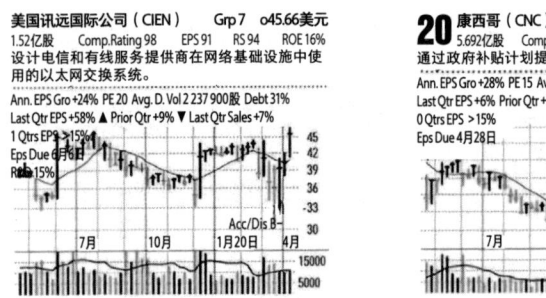

图1-3 周末图表观察列表，2020年4月（来自 *IBD*）

市场在短时间内经历了如此剧烈的下跌。随后，当上升趋势开始时，市场将面临一段艰难的日子，这时几乎所有的对上升趋势的确认都不会成功。很多时候，新的上升趋势很快就会失败，市场会掉头向下。判断上升趋势是否会失败的一种方法是，观察第一批冒尖的股票有没有迅速掉头下跌。2020年4月15日可能是那段时间里最突出的一天。当天，股指再次大幅下跌，一些前期表现强势的股票却逆市而动。图1-4为当天的一些示例。

主要观察列表			
股票代码	观察列表现价 ▽	涨跌	涨跌幅度
AMD	54.99	+0.06	0.11%
DOCU	100.53	+2.10	2.13%
JD	44.60	+0.74	1.69%
NFLX	426.75	+13.20	3.19%
VEEV	174.68	+1.09	0.63%
ZS	69.96	+3.48	5.23%
DOW J	23504.30	-445.50	-1.86%
S&P 500	2783.36	-62.70	-2.20%
NASDAQ	8393.18	-122.56	-1.44%

图1-4 市场观察列表-2020年4月5日（来自股票大师软件）

到4月的第3周和第4周，随着市场的好转，这次的上升趋势继续发展，没有中断。为了应对新冠肺炎疫情的影响，世界正在发生变化。图1-5是当时*IBD*的一份简报，介绍了市场是如何适应这一变化的，以及哪些股票正受到大资金的关注。

以下公司都是引领市场在新冠肺炎疫情下反弹的8大力量的一部分：

- 云计算【亚马逊（AMZN），微软（MSFT）】
- 数据中心芯片【AMD半导体公司（AMD），英伟达（NVDA），Inphi公司（IPHI），网络安全相关的有：科力斯（QLYS），Zscaler公司（ZS），Okta公司（OKTA）】
- 居家办公【Zoom视频通讯（ZM），DocuSign电子签名公司（DOCU），艾特莱森（TEAM），铃盛（RNG），Slack公司（WORK），微软（MSFT）】
- 居家娱乐【美国奈飞公司（NFLX），动视暴雪（ATVI），网易（NTES），或许还有达美乐比萨（DPZ）】
- 电子商务【亚马逊（AMZN），冬海集团（SE），中通快递（ZTO），京东（JD）】
- 医疗产品与医疗系统【德康医疗（DXCM），利文格健康公司（LVGO），麦斯莫医疗（MASI），Teladoc健康（TDOC），雅培（ABT）】
- 中概股【京东（JD），中通快递（ZTO），网易（NTES）】

图1-5　市场评论，2020年4月（来自*IBD*）

从图I-1中，你可以看到4月至8月的强劲上升趋势。在这一上升趋势中，涌现了大量新的领导股，其中许多在短时间内达到了猛兽股的标准。下面的图表将展示许多引领这一上升趋势的高流动性股票。每张图表都将指出股票的代表性突破、至关键支撑区域的回调、成交量特征、缺口，以及其在21日均线和50日均线区域中或附近的活动。由于每个人都在努力应对与适应新冠肺炎疫情，经济环境发生了变

第一章

化,新的生活方式也出现了,为企业提供了新的机遇。人们认为,一些从头做起的次新股因新的居家办公环境而受益。其中包括前文已提及的Zoom视频通讯(ZM)和DocuSign电子签名公司(DOCU)。这两只股票都出现在*IBD*当时的周末图表观察列表中,表现非常好,并提供了几次获取良好收益的机会。

同样受益于居家办公环境的早期领导股还有派乐腾公司(PTON)和易集(ETSY)等。4月初,数据安全公司和电子商务技术公司的表现也不错。数据安全概念的领导股包括云火炬公司(NET)和CrowdStrike控股(CRWD)。一些中国电子商务公司也继续领跑。它们中有一些在2019年下半年和2020年前几个月都是领导股。拼多多(PDD)和京东(JD)等公司再次崭露头角,掀起了新一轮的升势。随着上升趋势不断扩大,且几乎没有出现任何转弱的迹象,在3月的剧烈抛售之后,由于机构投入更多资金,更多股票开始上涨。

这些图表显示出,当上升趋势开始时,早期的领导股是如何开始展示自己,然后形成动量的。有些在4月遇到了一些麻烦,但在关键区域得到了支撑,然后又恢复了上涨势头。到4月底,更多的股票开始上涨或正在建立健康的基底形态。随着上升趋势吸引了更多的投资者,买入的力量增强了。很多时候,最先上涨的股票会产生最大的收益,成为真正的市场领导股,最终成为猛兽股。你可以从图表中看到,它们中的大多数在一年内取得了三位数的上涨率,其中有少数股票在年底前出现了见顶信号。随着时间的推移,更多的股票开始上涨,但也有一些跌出了领导股名单。在每一次上升趋势中都是如此。

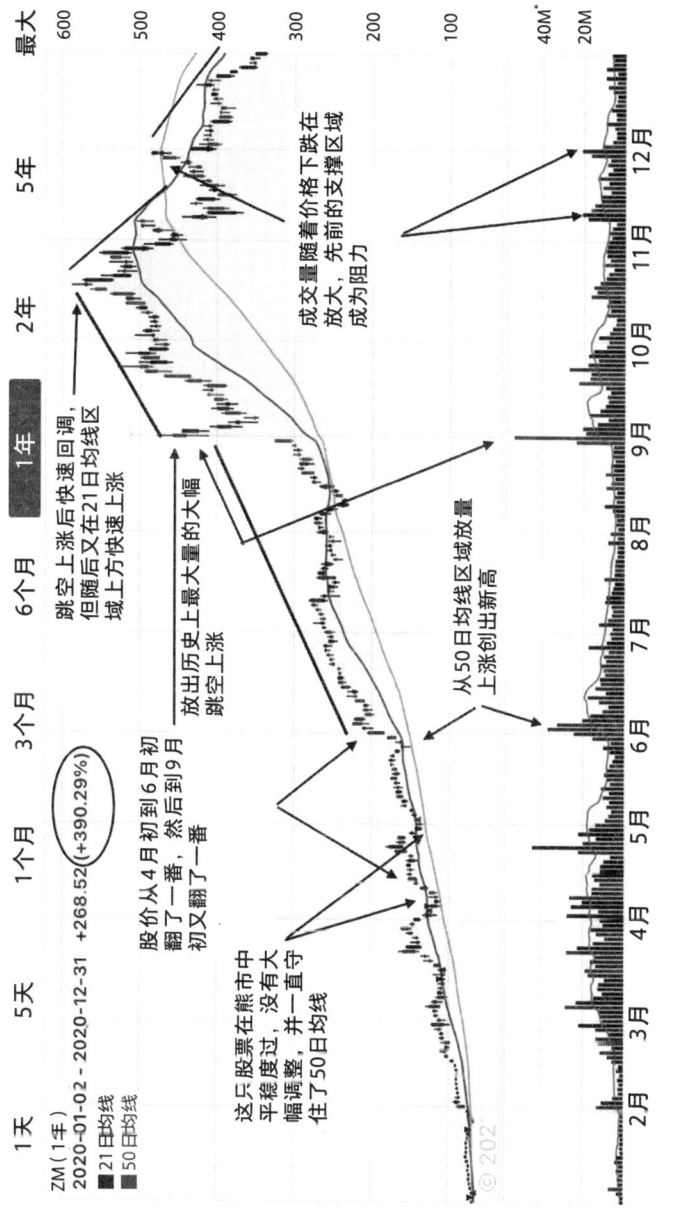

图1-6 ZOOM 2020年日线图（来自股票大师软件）

* "M"代表百万手（单位）。

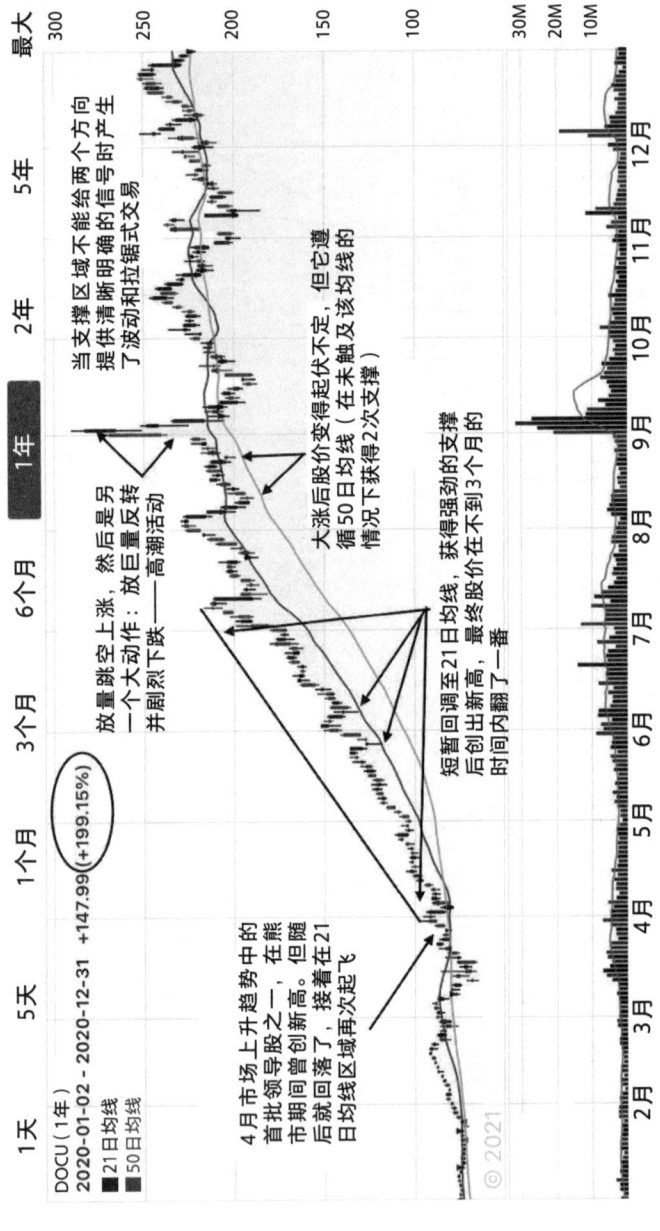

图1-7 DocuSign电子签名公司2020年日线图（来自股票大师软件）

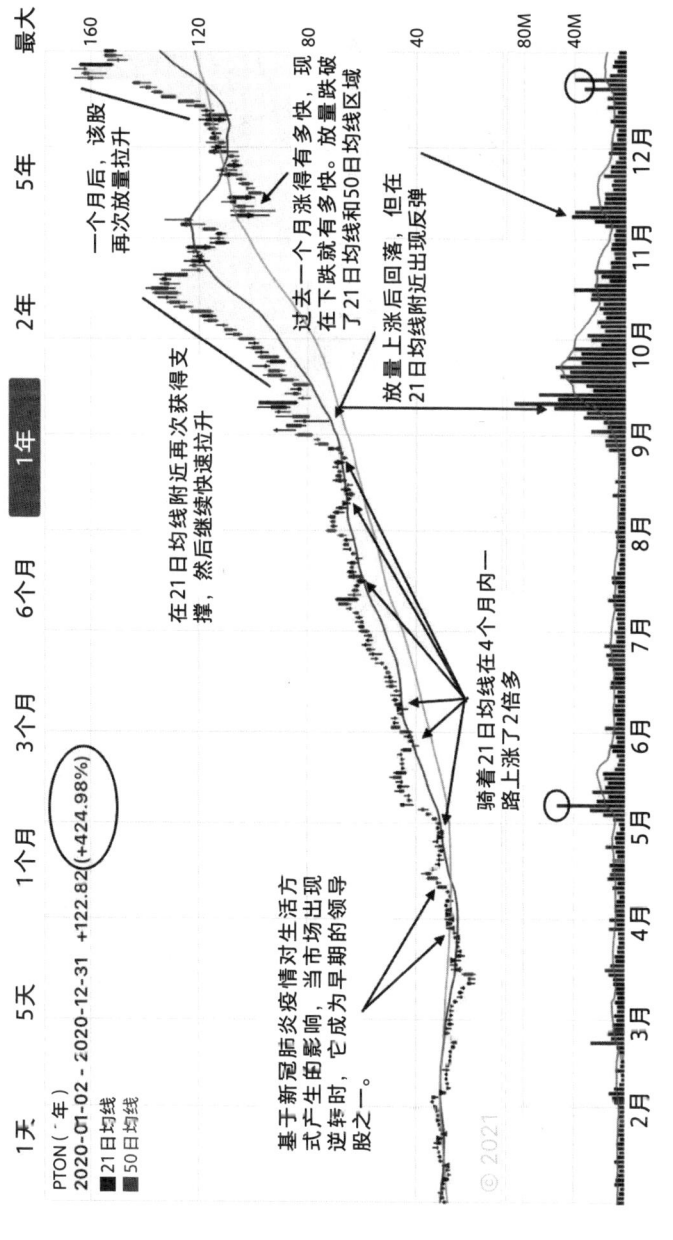

图1-8 派乐腾公司2020年日线图（来自股票大师软件）

第一章

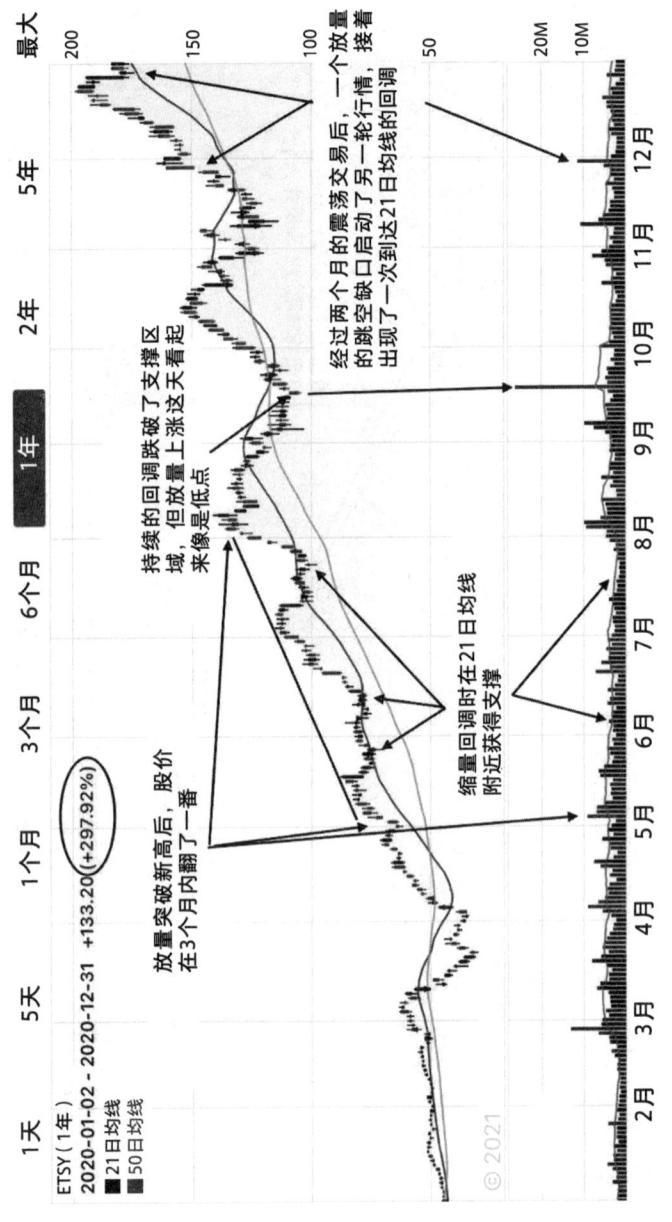

图1-9 易集2020年日线图（来自股票大师软件）

034

2020年

图1-10 云火炬公司2020年日线图（来自股票大师软件）

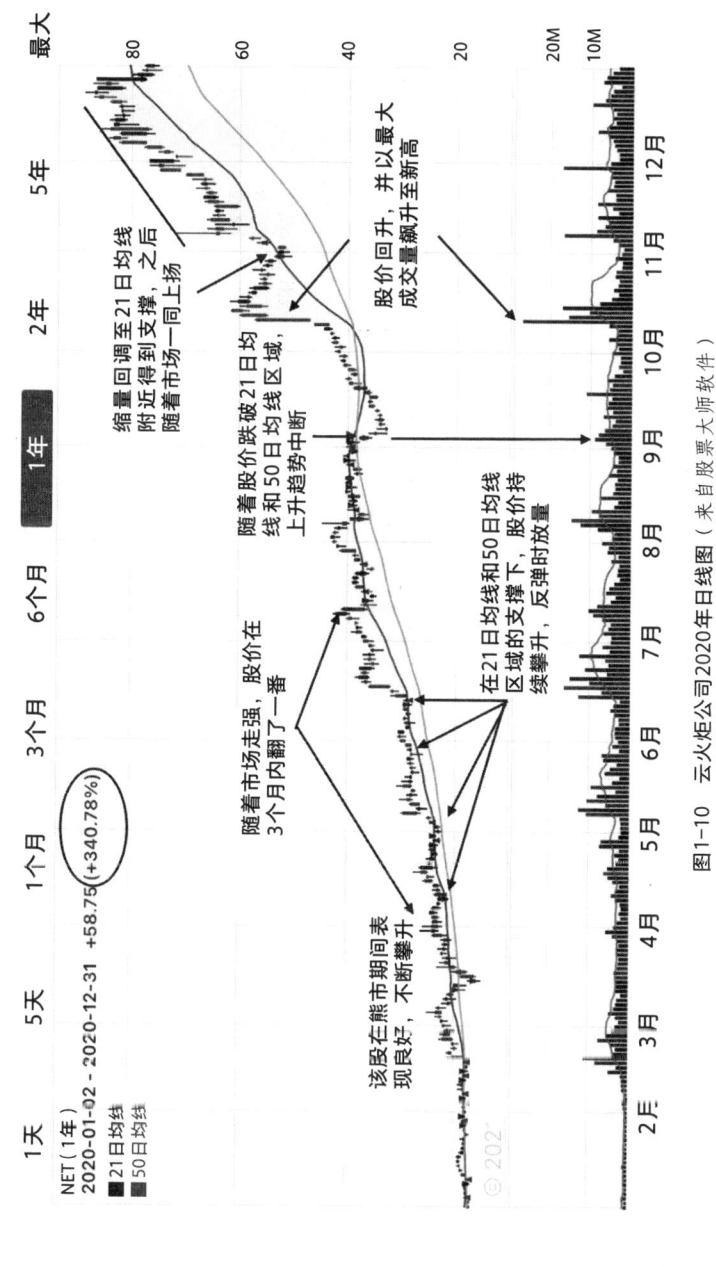

035

第一章

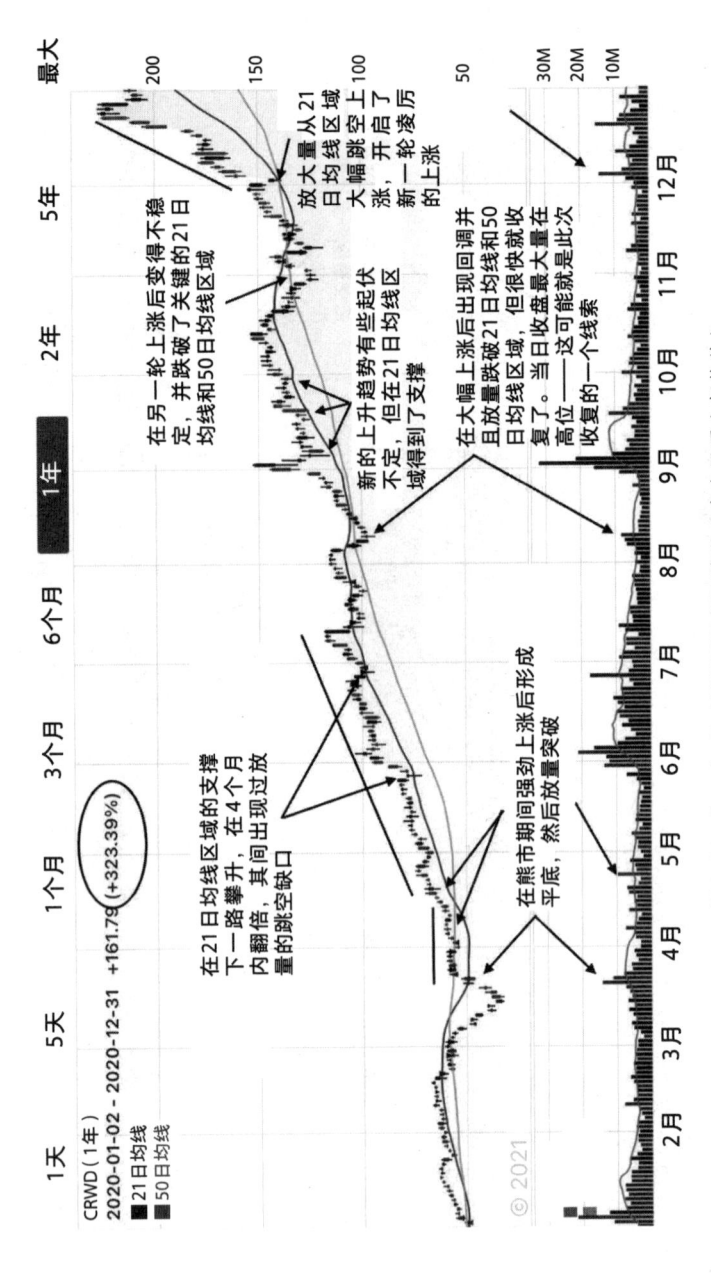

图1-11 Crowdstrike控股2020年日线图（来自股票大师软件）

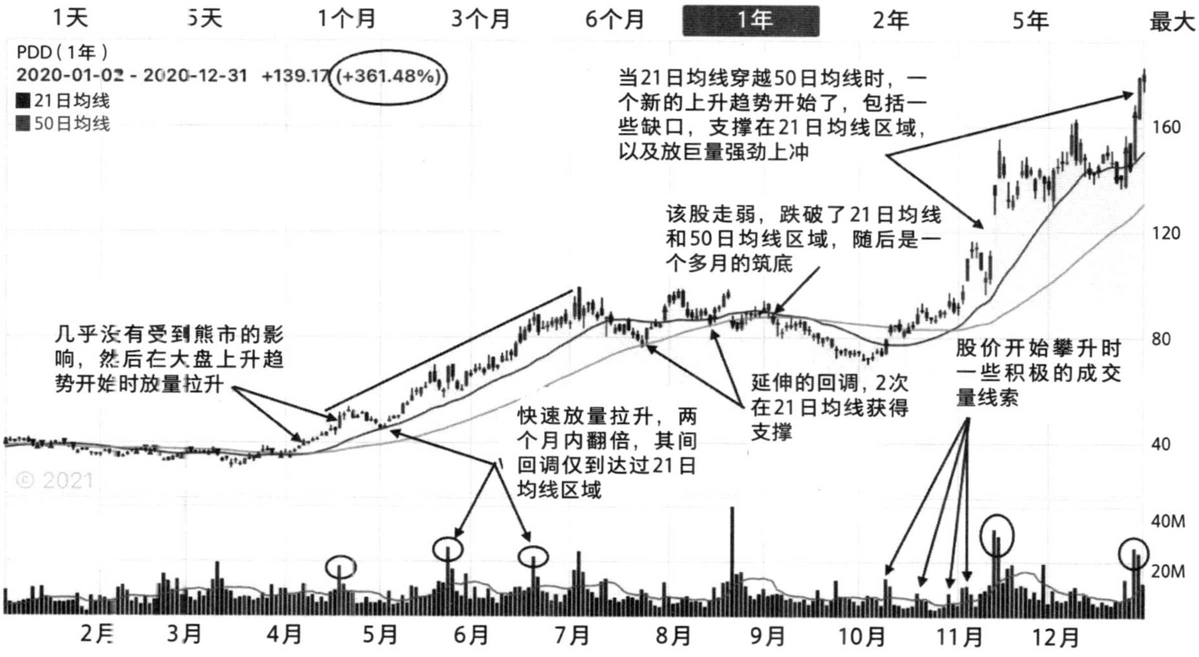

图1-12 拼多多2020年日线图（来自股票大师软件）

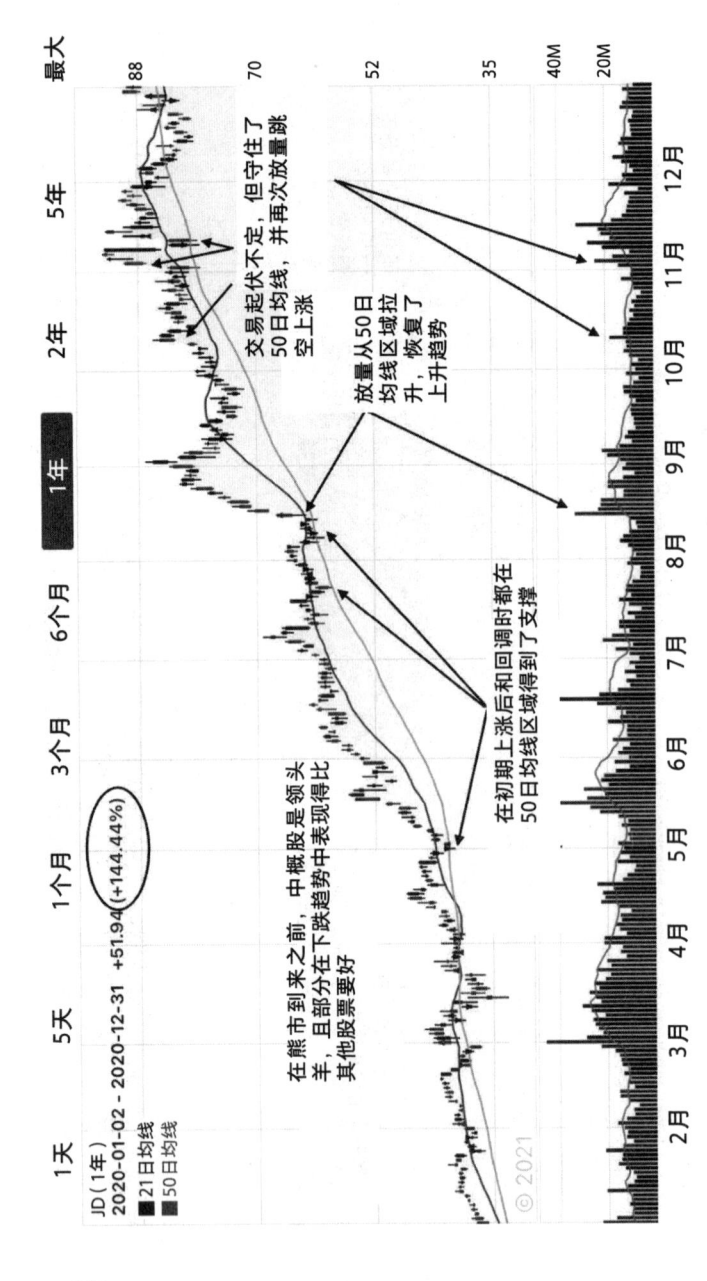

图1-13 京东2020年日线图（来自股票大师软件）

2020年

为了说明当时发生了什么,我将展示一些全年的观察列表,这样你就可以看到在那时有哪些股票可能已经在构筑基底了。

图1-14是4月底的一个观察列表,上面的注释指出了一些积极的技术特征。

其中包括一只稳健的领导股利文格健康公司(LVGO)。该股持续攀升,2020年8月初,公司宣布它将在一笔并购交易中被收购。在4个月内股价惊人地上涨了400%多(见图1-16),飙升至140多美元。你很快将看到一些顶级交易者是如何在这只股票上获得巨大收益的。这个列表再次囊括了ZM和DOCU,正如你看到的,它们成了领导股。

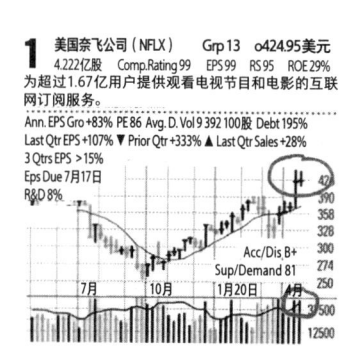

1 美国奈飞公司(NFLX) Grp 13 o424.95美元
4.222亿股 Comp.Rating 99 EPS 99 RS 95 ROE 29%
为超过1.67亿用户提供观看电视节目和电影的互联网订阅服务。
Ann. EPS Gro +83% PE 86 Avg. D. Vol 9 392 100股 Debt 195%
Last Qtr EPS +107% ▼ Prior Qtr +333% ▲ Last Qtr Sales +28%
3 Qtrs EPS >15%
Eps Due 7月17日
R&D 8%
Acc/Dis B+
Sup/Demand 81

2 维我软件(VEEV) Grp 2 o187.62("o"表示该股有期权)
1.327亿股 Comp.Rating 99 EPS 99 RS 95 ROE 24%
为生命科学行业的公司开发基于云的销售或营销软件。
Ann. EPS Gro +47% PE 86 Avg. D. Vol 1 902 300股 Debt 0%
Last Qtr EPS +20% ▼ Prior Qtr +33% ▼ Last Qtr Sales +34%
8 Qtrs EPS >15%
Eps Due 6月29日
R&D 19%
Acc/Dis C

15 Zoom视频通讯(ZM) Grp 8 158.8美元
9940万股 Comp.Rating 99 EPS 84 RS 99 ROE 25%
为视频和音频会议、聊天和在线协作提供基于云的软件平台。
PE 454 亿股 Avg. D. Vol 14 415 900股 Debt 0%
Last Qtr EPS +275% ▼ Prior Qtr +800% ▲ Last Qtr Sales +78%
5 Qtrs EPS >15%
Eps Due 6月6日
R&D 11%
Acc/Dis B
Sup/Demand 93

22 德康医疗(DXCM) Grp 9 o332.44美元
8980万股 Comp.Rating 99 EPS 77 RS 98 ROE 22%
开发糖尿病患者使用的便携式持续血糖监测系统。
PE 182 亿股 Avg. D. Vol 1 508 100股 Debt 120%
Last Qtr EPS +105% Prior Qtr +261% Last Qtr Sales +37%
3 Qtrs EPS >15%
Eps Due 4月28日
R&D 19%
Acc/Dis A−

039

第一章

23 AMD半导体公司（AMD） Grp 10 o56.18美元
11.47亿股 Comp.Rating 99 EPS 73 RS 97 ROE 37%
为计算机和电子消费设备设计微处理器、嵌入式媒体/图形处理器和芯片组。
Ann. EPS Gro +190% PE 88 Avg. D. Vol 88 184 500股 Debt 17%
Last Qtr EPS +300% ▲ Prior Qtr +38% ▲ Last Qtr Sales +50%
2 Qtrs EPS > 15%
Eps Due 4月28日
R&D 23%
Acc/Dis B-
Sup/Demand 95

42 艾特莱森（TEAM） Grp 20 o152.32美元
1.17亿股 Comp.Rating 99 EPS 99 RS 93 ROE 29%
一家澳大利亚公司，设计和开发软件以帮助团队进行管理、协作与整合。
Ann. EPS Gro +51% PE 144 Avg. D. Vol 2 011 800股 Debt 0%
Last Qtr EPS +48% Prior Qtr +40% Last Qtr Sales +37%
7 Qtrs EPS > 15%
Eps Due 4月30日
R&D 28%
Acc/Dis B

DocuSign电子签名公司（DOCU） YTD +42% 105.07美元
1.415亿股 Comp.Rating 99 EPS 84 RS 98 ROE 10%
提供电子签名解决方案，使企业能够以数字方式准备、制定和执行协议。
PE 339 Avg. D. Vol 3 439 500股 Debt 85%
Last Qtr EPS +100% Next Qtr EPS Est +43% Last Qtr Sales +38%
3 Qtrs Avg EPS +344% PreTax Mgn 7%
Eps Due 6月6日 Grp 8
R&D 19%
Acc/Dis A-

利文格健康公司（LVGO） YTD +64% 40.98美元
3590万股 Comp.Rating 98 EPS 65 RS 97 ROE -9%
开发数字医疗设备以监测慢性病发展状况。
Avg. D. Vol 2 549 400股 Debt 0%
Last Qtr EPS +118% Last Qtr Sales +137% PreTax Mgn - 11%
7 Qtrs EPS > 15%
Eps Due 5月6日 Grp 15
R&D 29%
Acc/Dis A+

12 铃盛（RNG） Grp 8 238.72美元
7380万股 Comp.Rating 99 EPS 88 RS 97 ROE 13%
为公司开发通过多种设备上的语音、文本和传真与员工进行沟通的软件。
Ann. EPS Gro +91% PE 291 Avg. D. Vol 1 729 500股 Debt 52%
Last Qtr EPS - 4% ▼ Last Qtr Sales +16% ▲ PreTax Mgn +34%
0 Qtrs EPS > 15%
Eps Due 5月6日
R&D 15%
Acc/Dis C+
Sup/Demand 79

NET（股票代码）
■ 21日均线
■ 50日均线

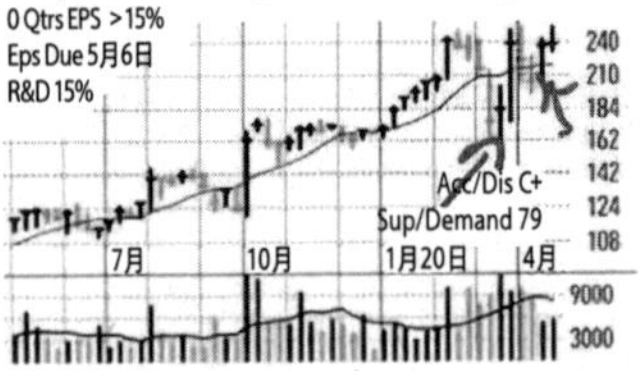

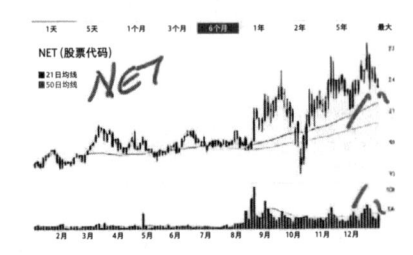

图1-14 周末图表观察列表-2020年4月26日（来自*IBD*）

5月，更多的股票活跃起来，并以强劲的成交量突破或脱离关键支撑区域，成为领导股。数据狗公司（DDOG）、Shopify公司（SHOP）、Twilio公司（TWLO）、贝宝（PYPL）、Fastly公司（FSLY）、Draftkings公司（DKNG）和富途控股（FUTU）等股票的强劲走势使它们在当年余下的时间里成为猛兽股。有些在很短的时间内价格就翻了一番。这些股票来自不同的科技与成长板块，包括基于云计算的商务和技术应用、数字支付和在线体育娱乐。除此之外，还包括一只中概股。

图1-15是2020年5月15日的每周观察列表。你可以看到前文刚刚提及的一些已经启动的股票。也有许多其他获得不错收益的股票。现在，有许多顶级交易者买入了这些股票，他们更加坚定地看好这轮上升趋势，因为市场并未出现大幅回撤。注意，观察列表用的是周线图（来自我订阅的*IBD*数据），个股分析用的是日线图（来自股票大师软件）。威廉·欧奈尔和许多其他传奇交易者都是从周线图开始分析和研究的。他们都曾提到，周线图能更好地反映整体情况。如果他们注意到周线图上有什么结构正在形成，他们就会查看日线图。他们更多地使用日线图来获取更细致的、关于交易时机的指示。这两种图表的使用都是必要的，但周线图首先提醒交易者要注意什么，而日线图则用来进行深入的分析。如今，许多顶级交易者都采用了这样的策略。这并不是说一种图表要比另一种好，而是说它们应该被结合起来使用。

第一章

1 飞塔科技（FTNT）　　Grp 10　o143.43美元
1.306亿股　Comp.Rating 99　EPS 99　ROE 37%
开发统一的网络安全威胁管理系统。
Ann. EPS Gro +51% PE 55 Avg. D. Vol 2 521 800股 Debt 0%
Last Qtr EPS +30% ▲ Prior Qtr +29% ▼ Last Qtr Sales +22%
9 Qtrs EPS >15%
Eps Due 8月1日
R&D 13%

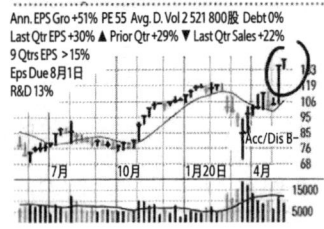

5 维我软件（VEEV）　　Grp 6　o200.43美元
1.327亿股　Comp.Rating 99　EPS 99　RS 94　ROE 23%
为生命科学行业的公司开发基于云的销售或营销软件。
Ann. EPS Gro +47% PE 92 Avg. D. Vol 1 687 800股 Debt 0%
Last Qtr EPS +20% ▼ Prior Qtr +33% ▼ Last Qtr Sales +34%
8 Qtrs EPS >15%
Eps Due 5月28日
R&D 19%

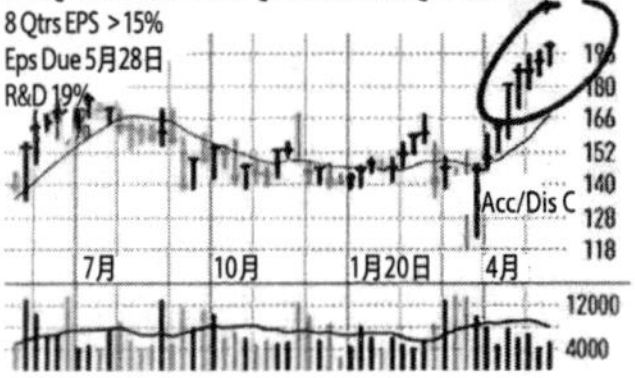

4 美国奈飞公司（NFLX）　Grp 22　o454.19美元
4.222亿股　Comp.Rating 99　EPS 99　RS 94　ROE 29%
为超过1.67亿用户提供观看电视节目和电影的互联网订阅服务。
Ann. EPS Gro +83% PE 92 Avg. D. Vol 9 457 600股 Debt 195%
Last Qtr EPS +107% ▼ Prior Qtr +333% ▲ Last Qtr Sales +28%
3 Qtrs EPS >15%
Eps Due 7月17日
R&D 8%

10 现时服务公司（NOW）　Grp 2　o370.46美元
1.888亿股　Comp.Rating 99　EPS 97　RS 93　ROE 39%
为工作流自动化、数据整合和业务管理开发基于云的IT软件。
Ann. EPS Gro +62% PE 100 Avg. D. Vol 2 843 300股 Debt 33%
Last Qtr EPS +57% ▼ Prior Qtr +25% ▼ Last Qtr Sales +33%
23 Qtrs EPS >15%
Eps Due 7月24日
R&D 22%

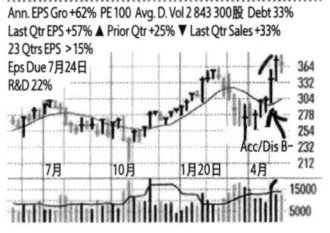

18 铃盛（RNG）　　Grp 2　o285.85美元
7470万股　Comp.Rating 99　EPS 89　RS 97　ROE 13%
为公司开发通过多种设备上的语音、文本和传真与员工进行沟通的软件。
Ann. EPS Gro +61% PE 340 Avg. D. Vol 1 633 600股 Debt 52%
Last Qtr EPS +12% ▲ Prior Qtr -4% ▼ Last Qtr Sales +33%
0 Qtrs EPS >15%
Eps Due 7月29日
R&D 15%

19 DocuSign电子签名公司（DOCU）　Grp 2　125.88美元
1.415亿股　Comp.Rating 99　EPS 84　RS 98　ROE 10%
提供电子签名解决方案，使企业能够以数字方式准备、制定和执行协议。
PE 406 Avg. D. Vol 3 660 600股 Debt 85%
Last Qtr EPS +100% ▼ Prior Qtr +1000% ▲ Last Qtr Sales +38%
2 Qtrs EPS >15%
Eps Due 6月4日
R&D 19%

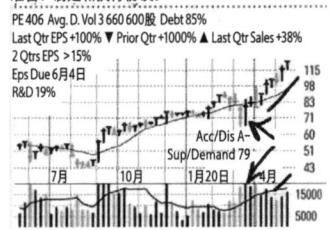

2020 年

20 Zoom视频通讯（ZM） Grp 2 174.83美元
9940万股 Comp.Rating 99 EPS 84 RS 98 ROE 24%
为视频和音频会议、聊天和在线协作提供基于云的软件平台。
PE 500 Avg. D. Vol 14 962 800股 Debt 0%
Last Qtr EPS +275% ▼ Prior Qtr +800% ▲ Last Qtr Sales +78%
5 Qtrs EPS >15%
Eps Due 6月2日
R&D 11%

1 齐格网（CHGG） Grp 25 66.66美元
1.187亿股 Comp.Rating 99 EPS 99 RS 97 ROE 26%
通过在线平台向学生提供数字产品和服务、印刷教科书和电子书。
Ann. EPS Gro +82% PE 68 Avg. D. Vol 3 573 400股 Debt 18%
Last Qtr EPS +47% ▲ Prior Qtr +40% ▼ Last Qtr Sales +35%
13 Qtrs EPS >15%
Eps Due 7月29日
R&D 34%

24 德康医疗（DXCM） Grp 9 o417.73美元
9050万股 Comp.Rating 99 EPS 76 RS 99 ROE 22%
开发糖尿病患者使用的便携式持续血糖监测系统。
PE 180 Avg. D. Vol 2 074 500股 Debt 120%
Last Qtr EPS +980% ▲ Prior Qtr +105% ▼ Last Qtr Sales +44%
4 Qtrs EPS >15%
Eps Due 7月31日
R&D 19%

数据狗公司（DDOG） YTD +78% 67.16美元
6440万股 Comp.Rating 98 EPS 97 RS 97 ROE -4%
为企业使用的云应用提供基于SaaS的监控平台。
PE 999 Avg. D. Vol 4 623 400股 Debt 0%
Last Qtr EPS +600% ▲ Last Qtr Sales +87% PreTax Mgn +4% 87%
4 Qtrs EPS >15%
Eps Due 7月28日 Grp 2
R&D 31%

利文格健康公司（LVGO） YTD +137% 59.32美元
3590万股 Comp.Rating 99 EPS 76 RS 98 ROE -9%
开发数字医疗设备以监测慢性病发展状况。
Avg. D. Vol 2 893 000股 Debt 0%
Last Qtr EPS +133% ▲ Last Qtr Sales +115% PreTax Mgn - 11%
4 Qtrs EPS >15%
Eps Due 9月5日 Grp 12
R&D 29%

Shopify公司（SHOP） Grp 2 o767.00美元
1.035亿股 Comp.Rating 99 EPS 76 RS 98 ROE 2%
通过订阅内容和商家解决方案，为中小型企业提供基于云的商务平台。
Ann. EPS Gro +51% PE 999 Avg. D. Vol 3 804 900股 Debt 0%
Last Qtr EPS +217% ▲ Prior Qtr +81% ▼ Last Qtr Sales +47%
2 Qtrs EPS >15%
Eps Due 8月1日
R&D 22%

043

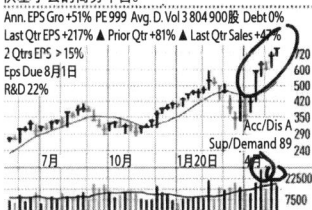

第一章

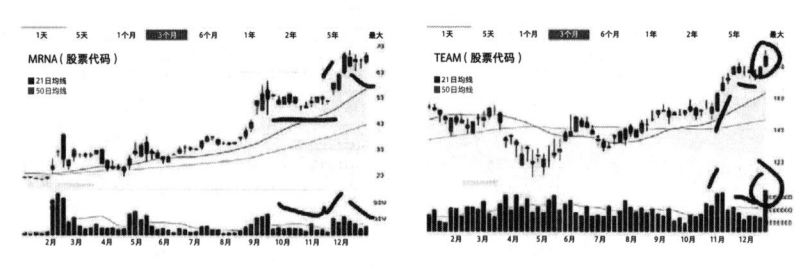

图1-15　周末图表观察列表-2020年5月15日（来自 *IBD*）

　　市场在夏季保持着上升趋势，主要指数只经历了小幅回调。许多前文已经分析过的领导股继续上涨。有几只在快速、强劲的上涨之后开始回撤。其中一些随后建立了新的基底，而另一些则在关键区域获得了支撑，然后迅速反弹，继续走高。也有大量的新面孔加入。事实上，随着时间的推移，出现了更多的领导股。这是一个非常强劲的上升趋势征兆。多个不同行业出现了领导股也是一个强烈的信号。另一个强势表现是连续多个交易日的H/L/G都为正值。4月9日，H/L/G转为正值（并开启上升趋势），终结了自2月24日以来连续33个交易日均为负值的纪录。此后直到9月4日，在103个交易日中只有4个交易日的H/L/G为负值，并且这4天的负值都很小（最高为-170），之后也都很快回到了正值。

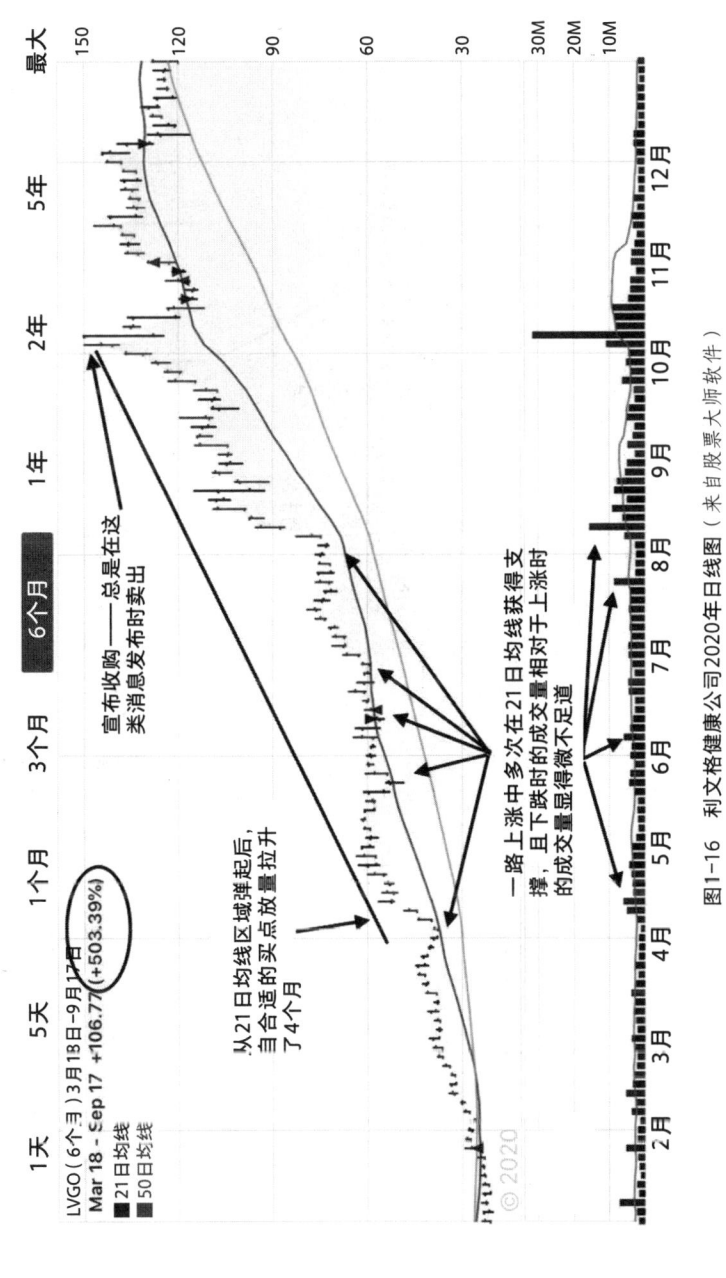

图1-16 利文格健康公司2020年日线图（来自股票大师软件）

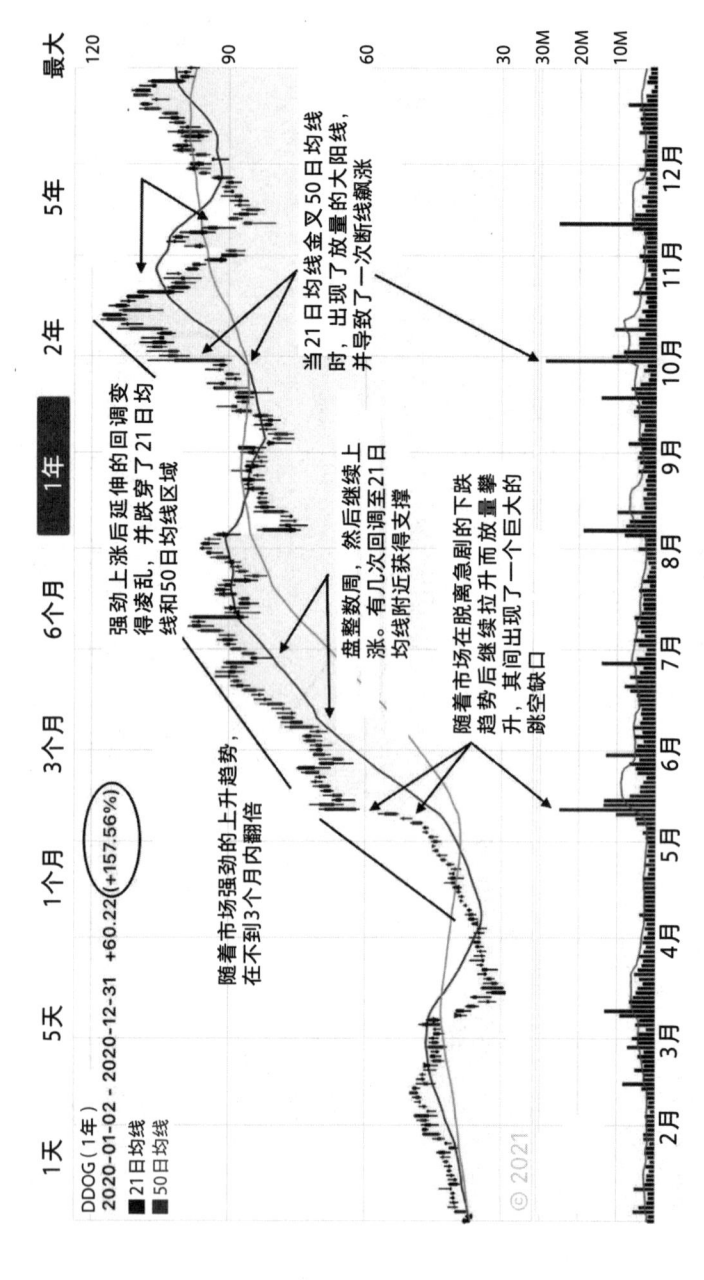

图1-17 数据狗公司2020年日线图（来自股票大师软件）

图1-18 Shopify公司2020年日线图（来自股票大师软件）

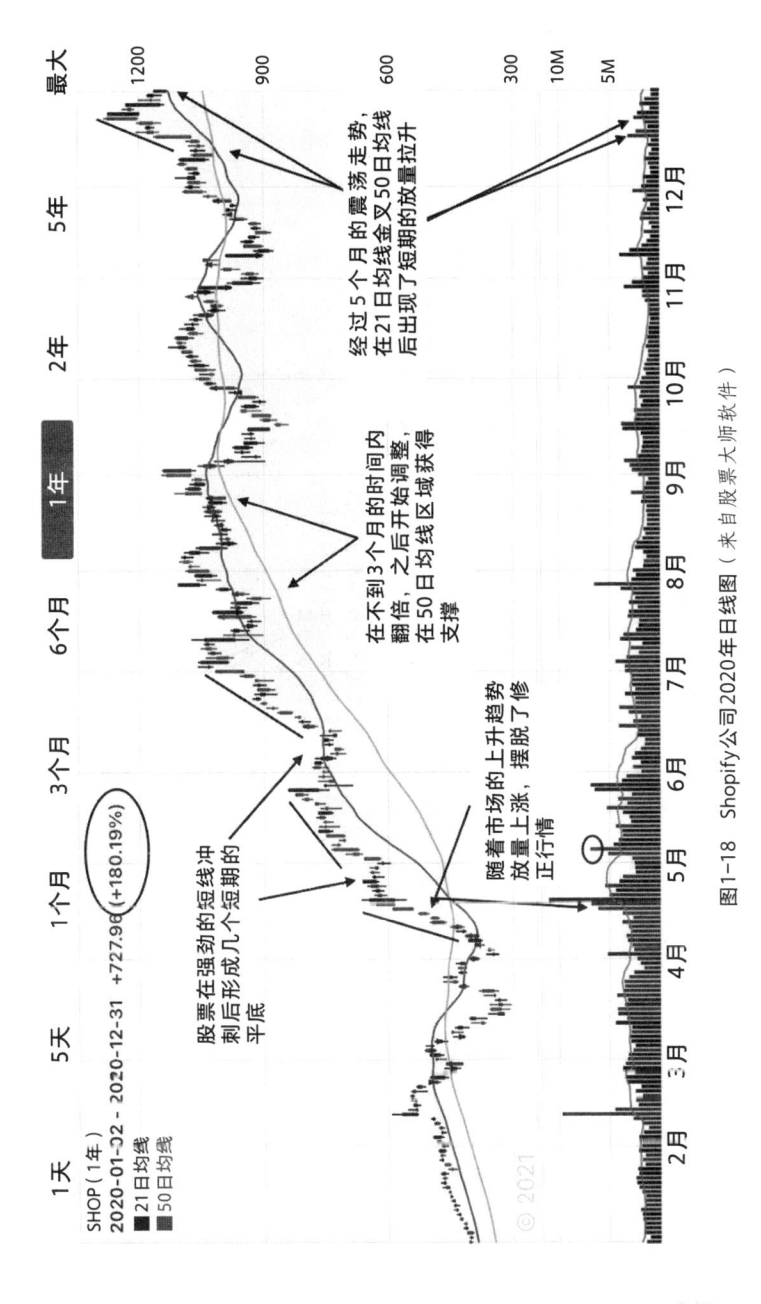

第一章

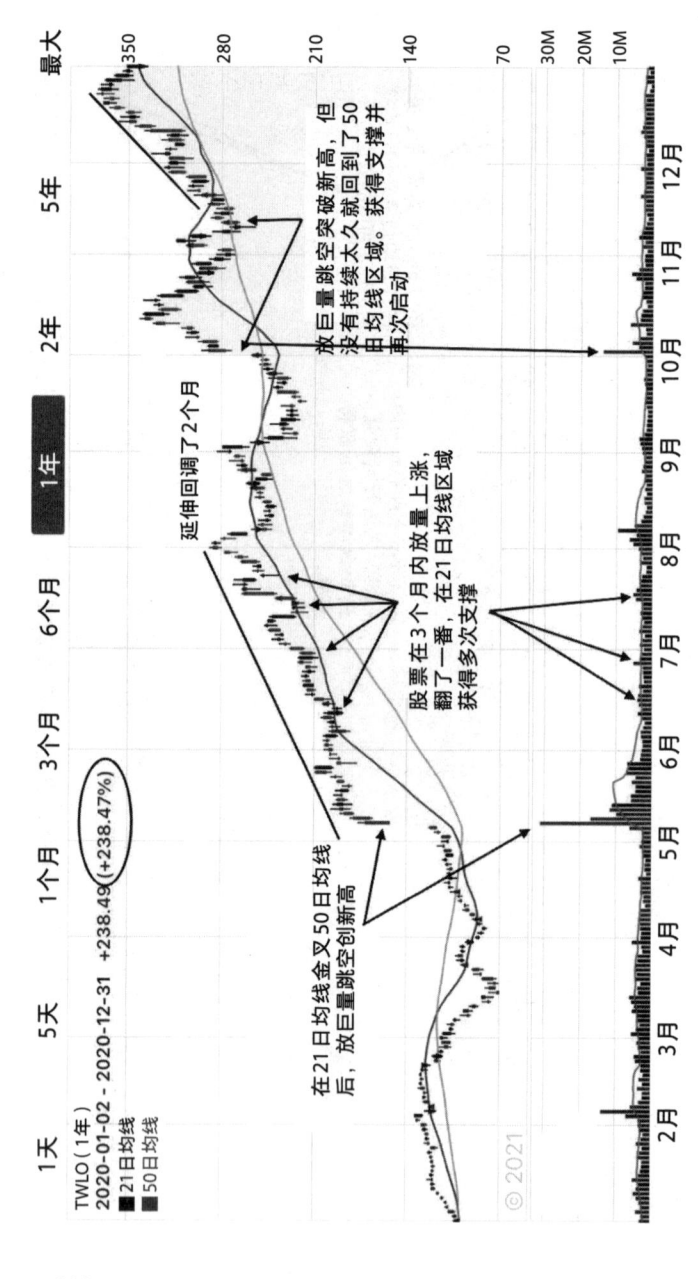

图1-19 Twilio公司2020年日线图（来自股票大师软件）

图1-20 贝宝2020年日线图（来自股票大师软件）

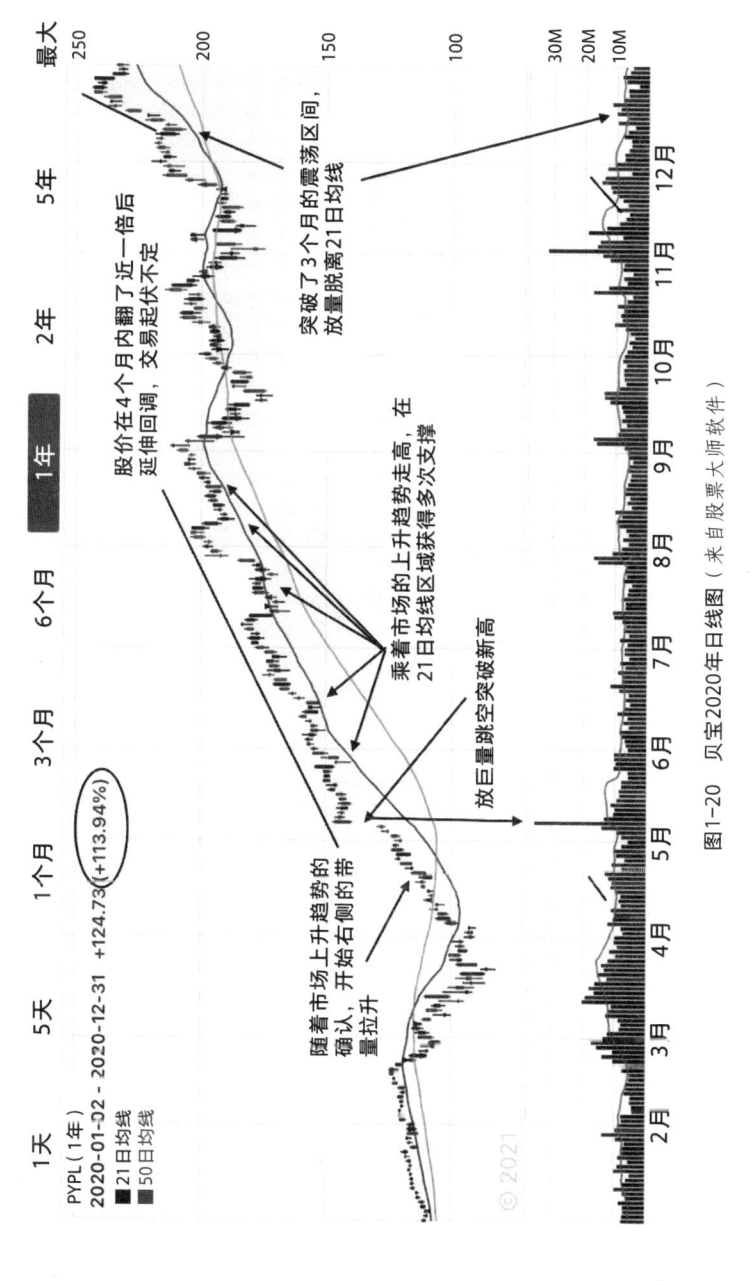

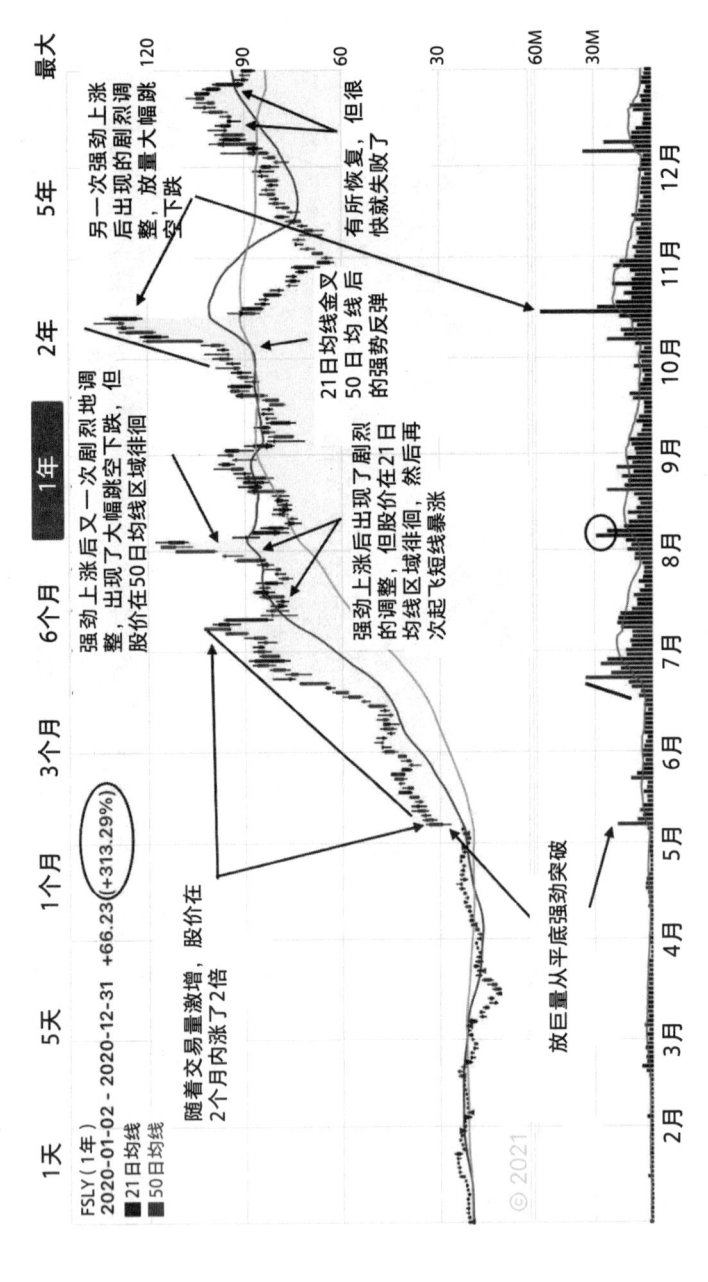

图1-21 Fastly公司2020年日线图（来自股票大师软件）

图1-22 Draftkings公司2020年日线图（来自股票大师软件）

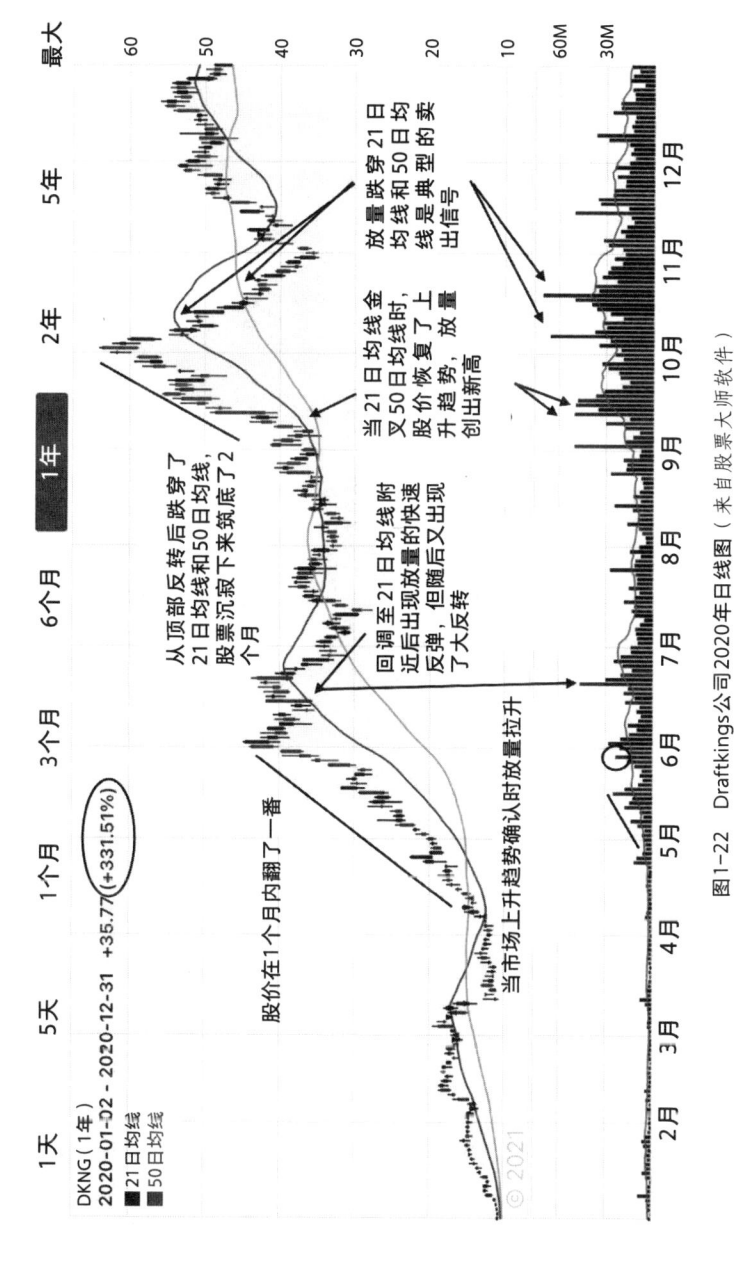

第一章

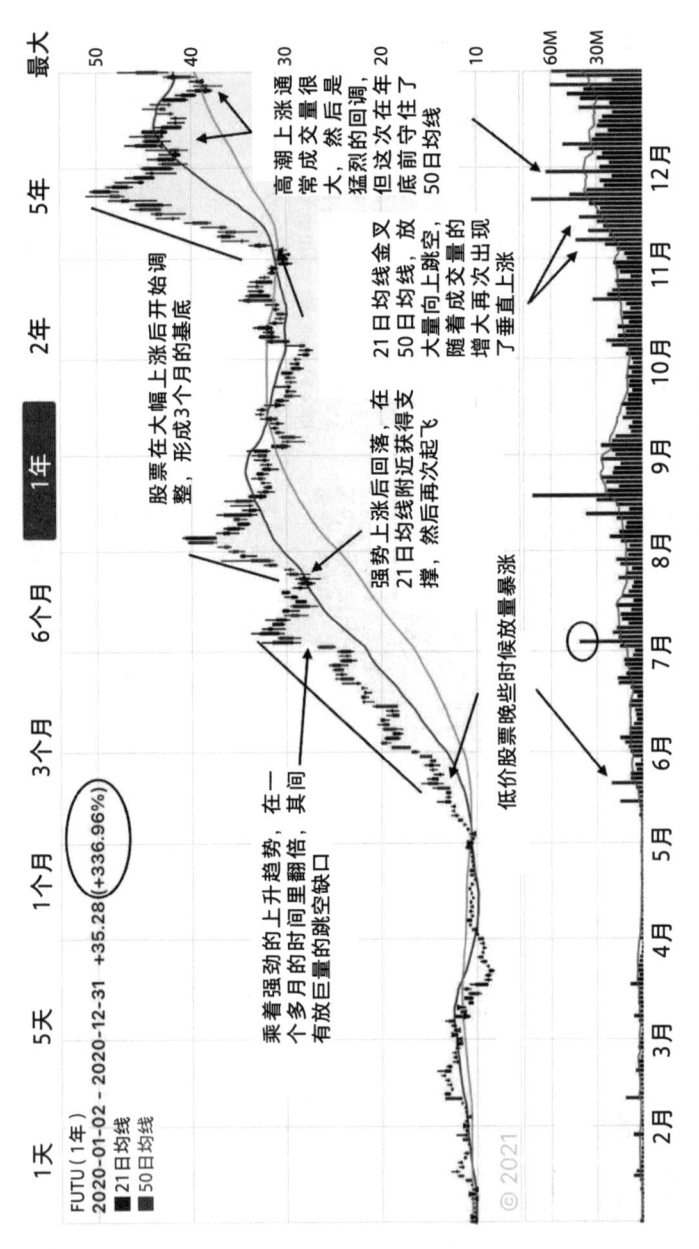

图1-23 富途控股2020年日线图（来自股票大师软件）

夏季崛起的一些新的领导股包括罗库公司（ROKU）、Square公司（SQ）、Zscaler公司（ZS）、珐菲琦电子商务有限公司（FTCH）、蔚来（NIO）、特斯拉（TSLA）、GrowGeneration公司（GRWG）、Sailpoint科技控股（SAIL）、数字涡轮机公司（APPS）、缤趣公司（PINS）和Fiverr国际有限公司（FVRR）等。FVRR实际上在春季就是一只领导股，但它真正开始腾飞是在夏季。你可以清楚地看到，涌现出的领导股数量正在不断增长，它们代表着电子商务、软件和数字支付等先前的领军行业，以及电动汽车等新兴行业（这个行业取得了年度最佳涨幅）。电动汽车概念中的特斯拉（TSLA）和蔚来（NIO）对许多交易者来说是大赢家。TSLA是最受欢迎的，提供了许多获利机会，并最终成为几位顶级交易者大部分年度巨额收益的来源。市场的反弹势头越来越强劲。这一机会之窗正是那些猛兽股交易者一直等待并准备充分加以利用的。

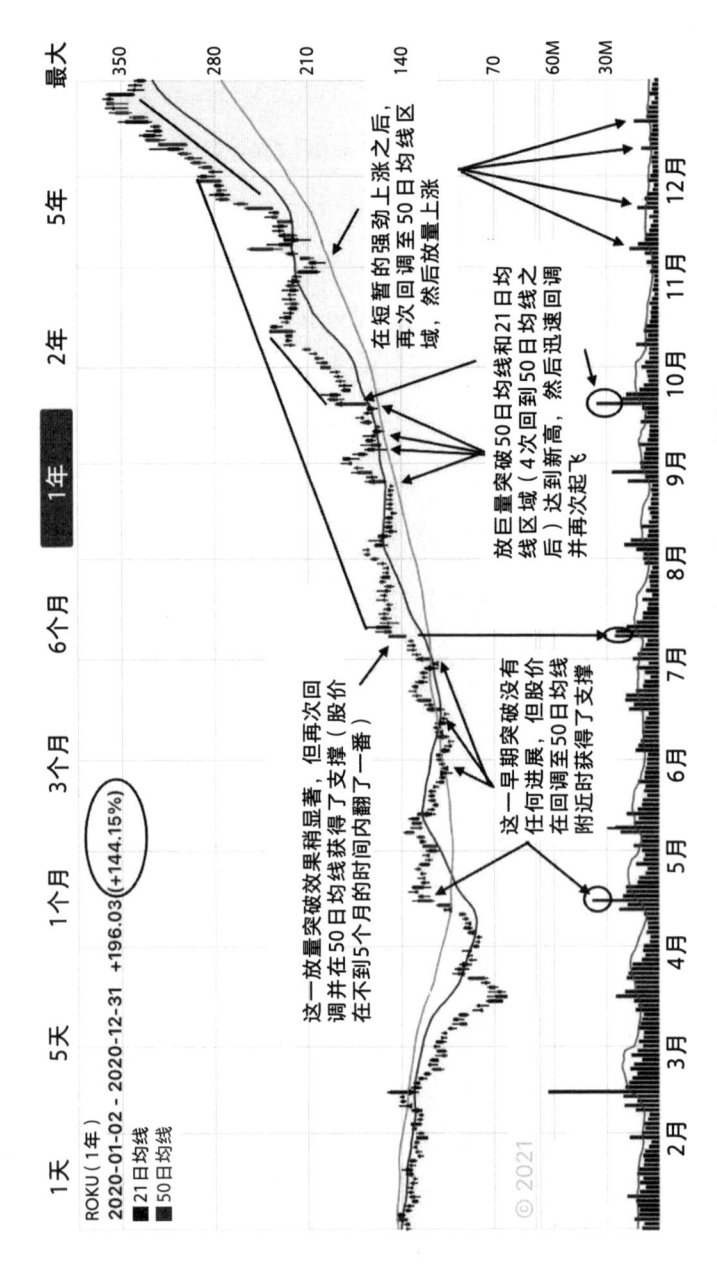

图1-24 罗库公司2020年日线图（来自股票大师软件）

图1-25 Square公司2020年日线图（来自股票大师软件）

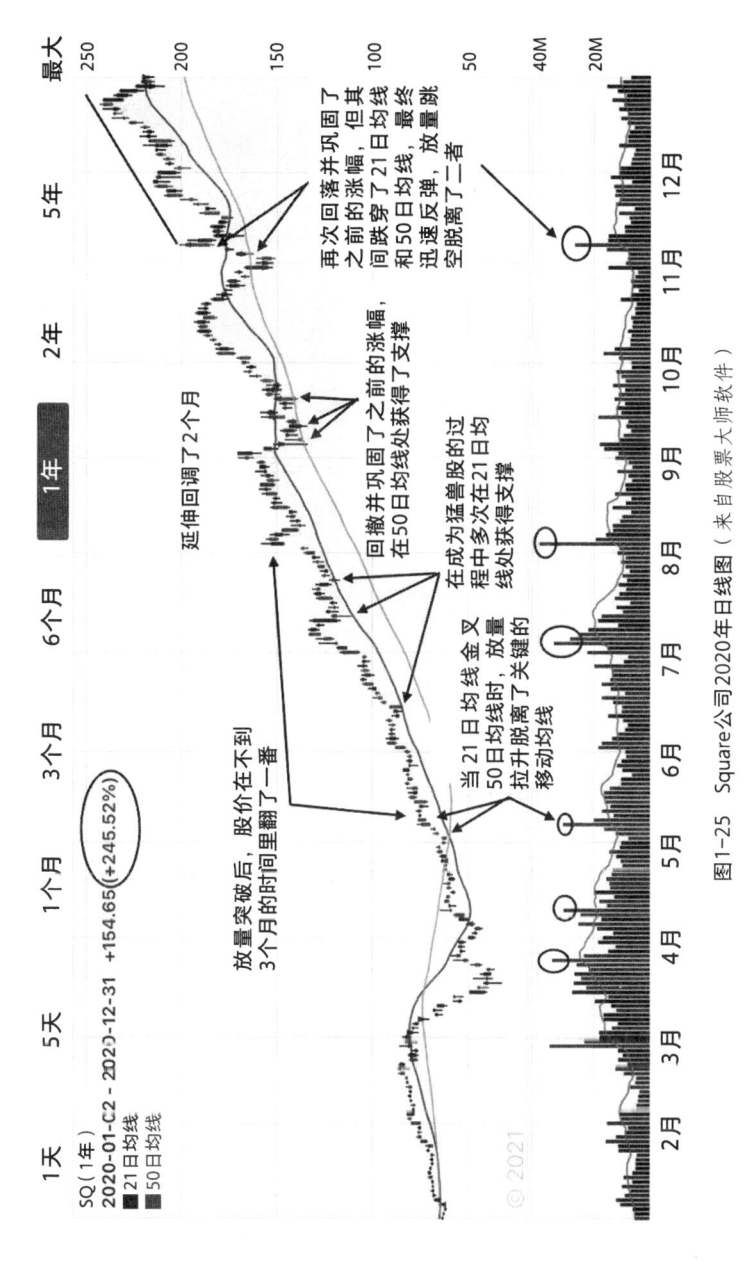

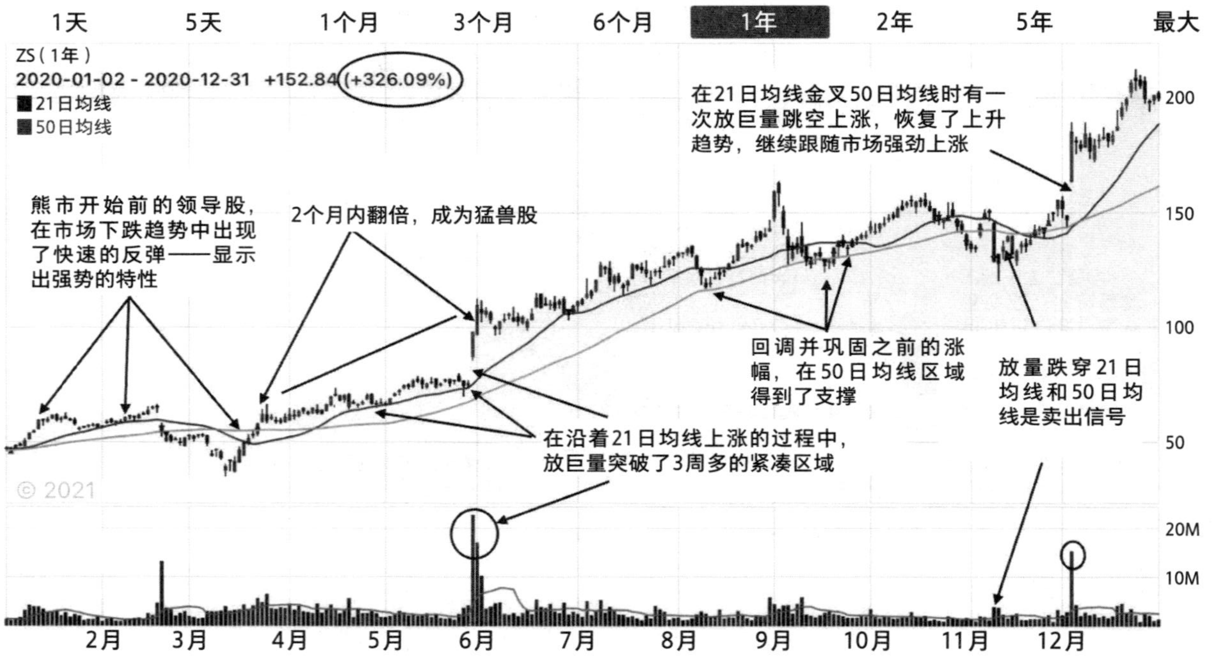

第一章

图1-26 Zscaler公司2020年日线图（来自股票大师软件）

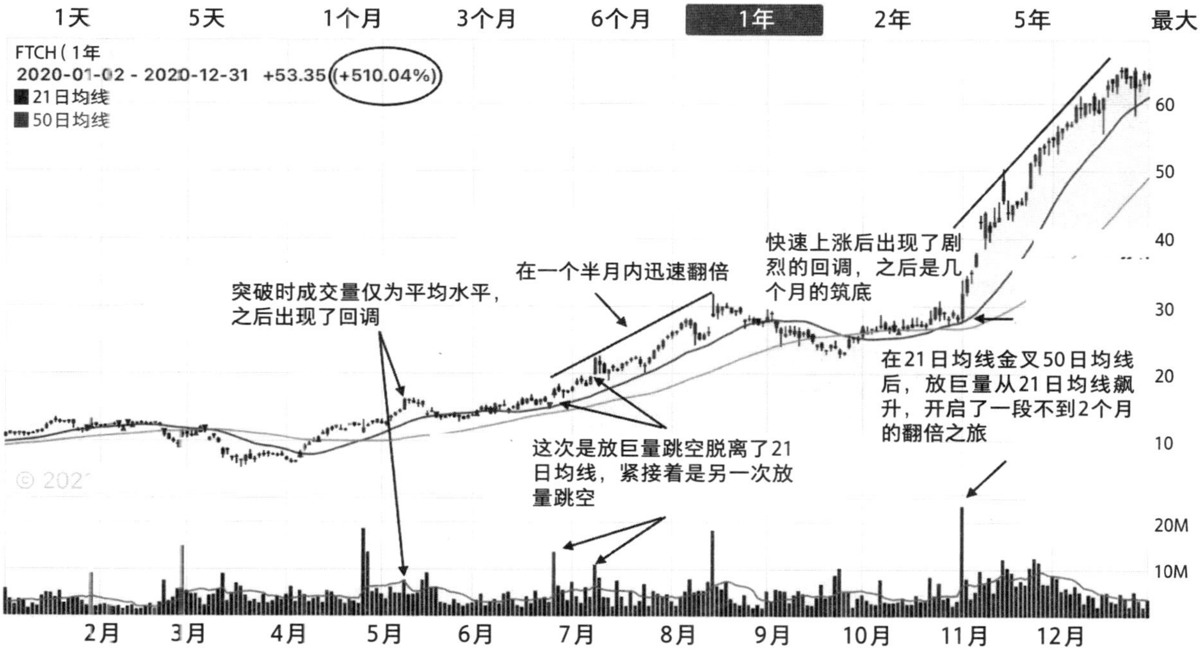

图1-27 珐菲琦电子商务有限公司2020年日线图（来自股票大师软件）

第一章

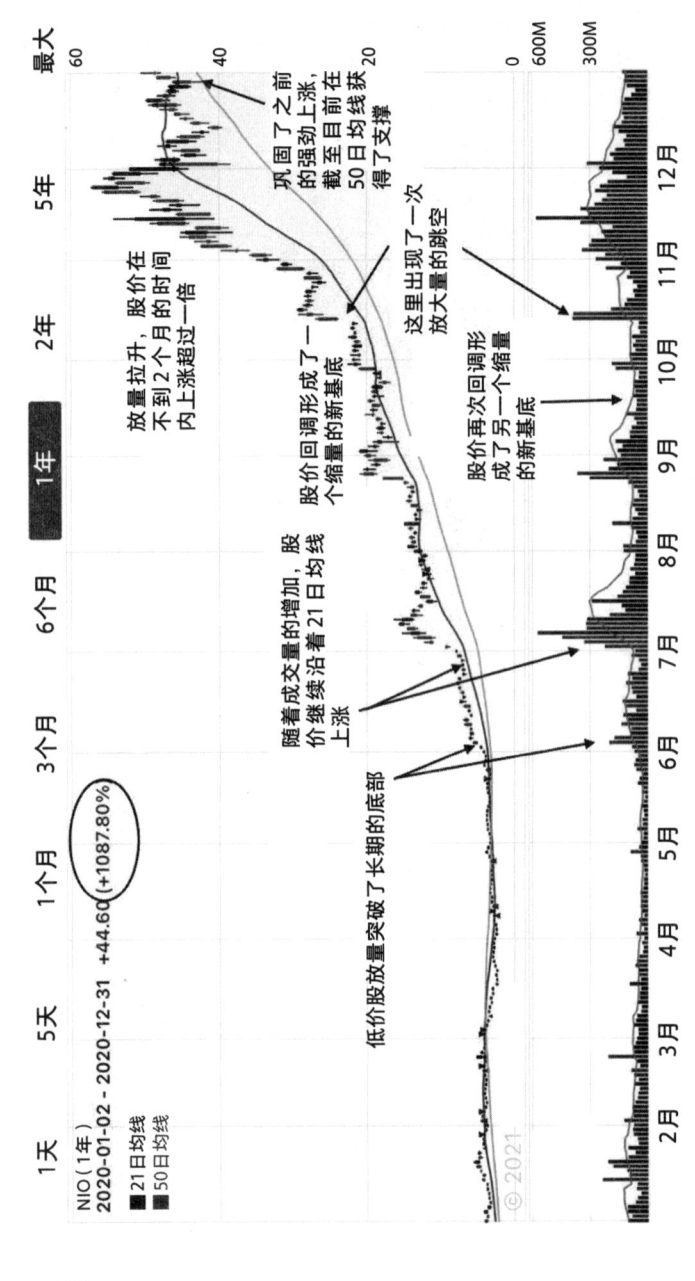

图1-28 蔚来2020年日线图（来自股票大师软件）

2020 年

图1-29 特斯拉2020年日线图（来自股票大师软件）

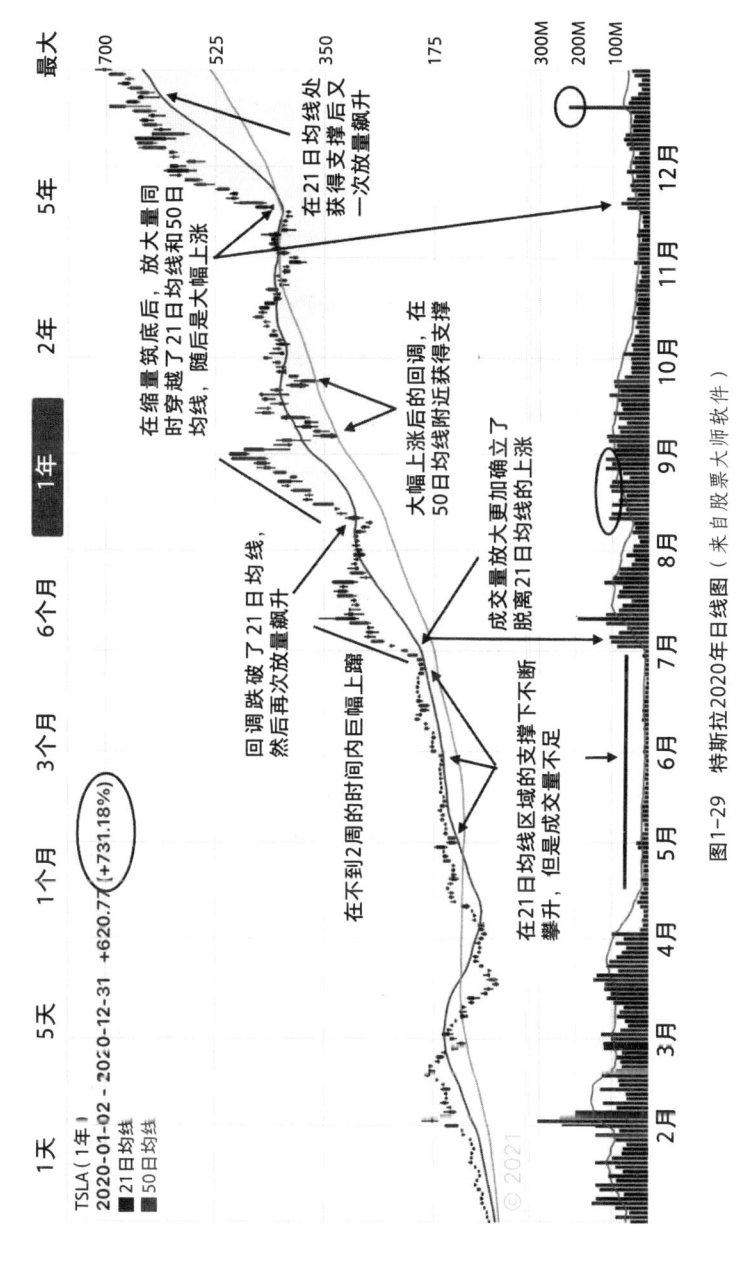

第一章

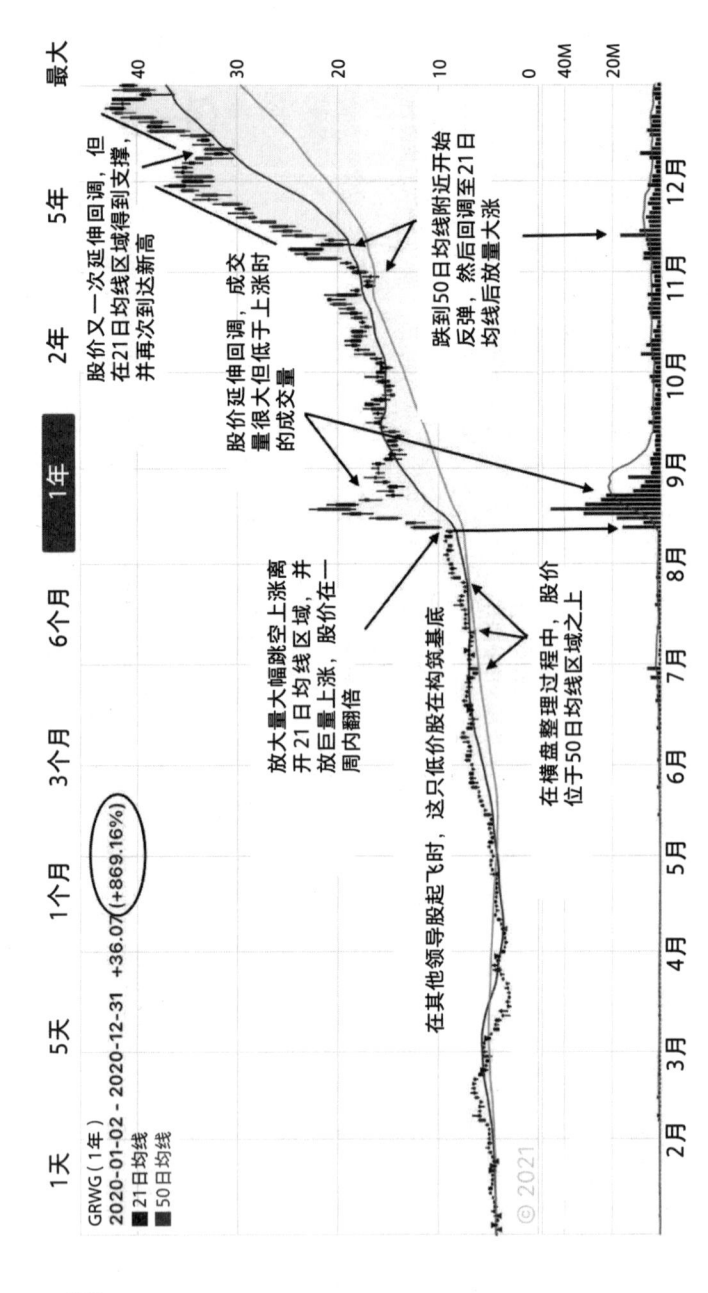

图1-30 GrowGeneration公司2020年日线图（来自股票大师软件）

2020 年

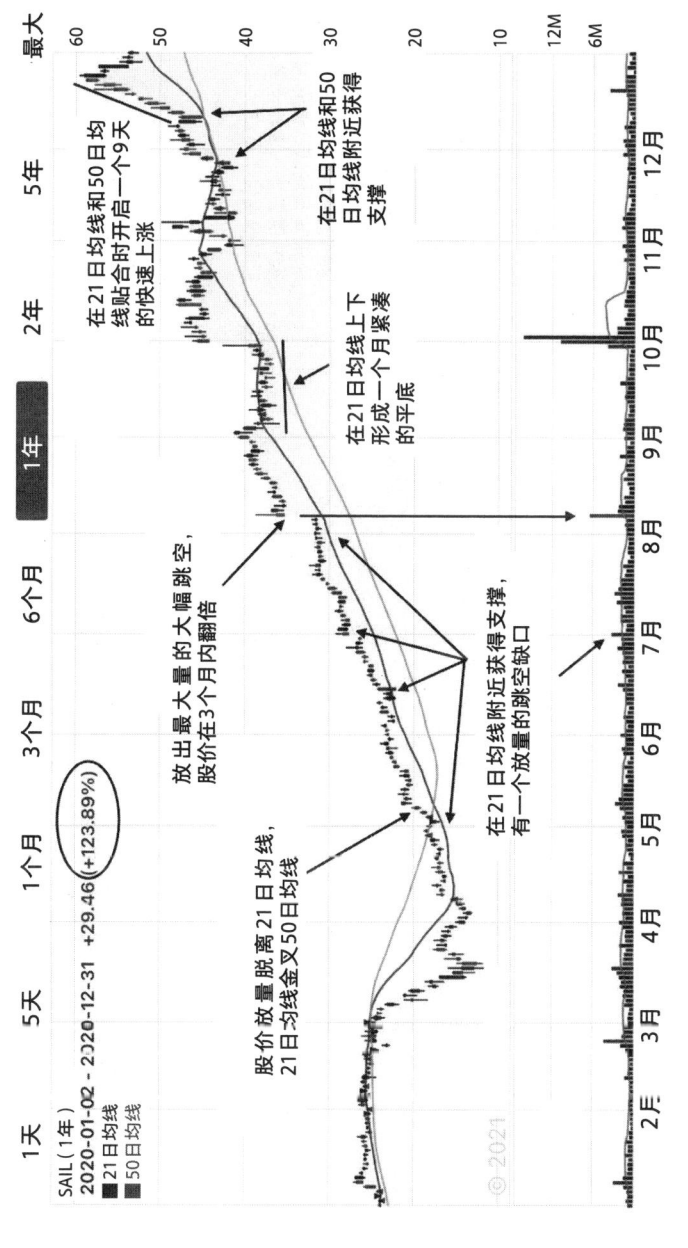

图1-31 Sailpoint科技控股2020年日线图（来自股票大师软件）

061

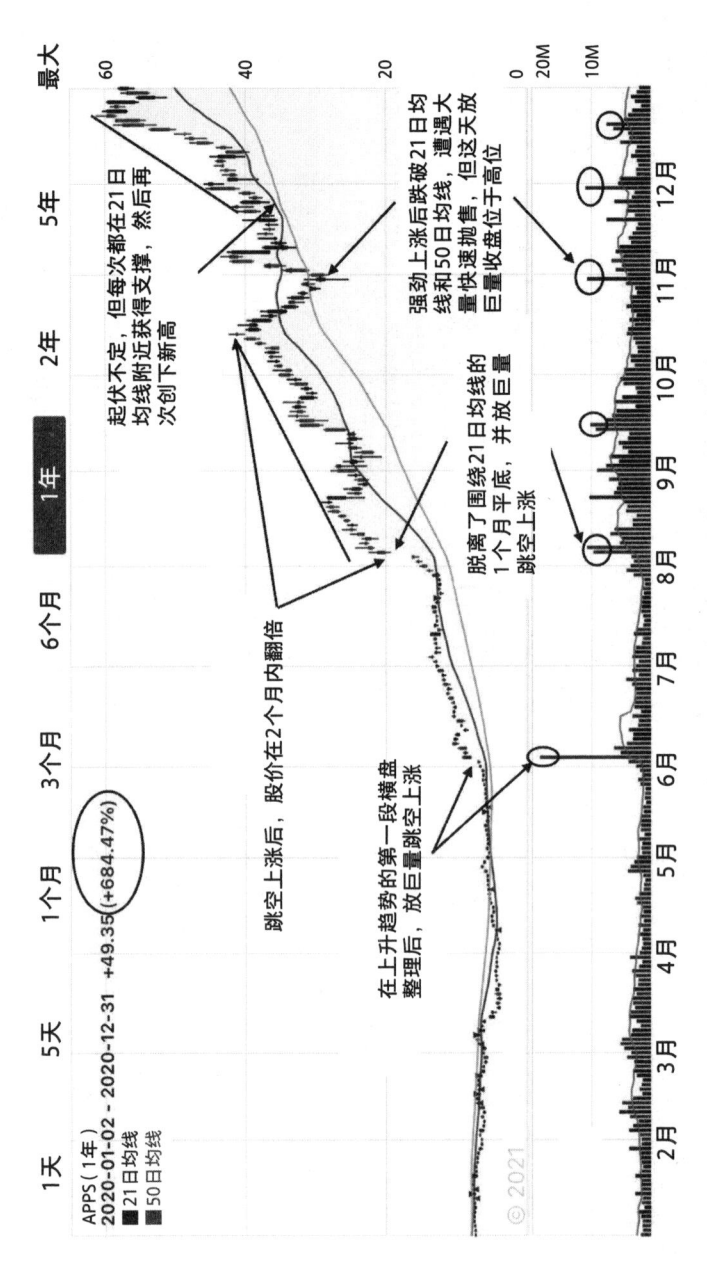

图1-32 数字涡轮机公司2020年日线图（来自股票大师软件）

2020 年

图1-33 缤趣公司2020年日线图（来自股票大师软件）

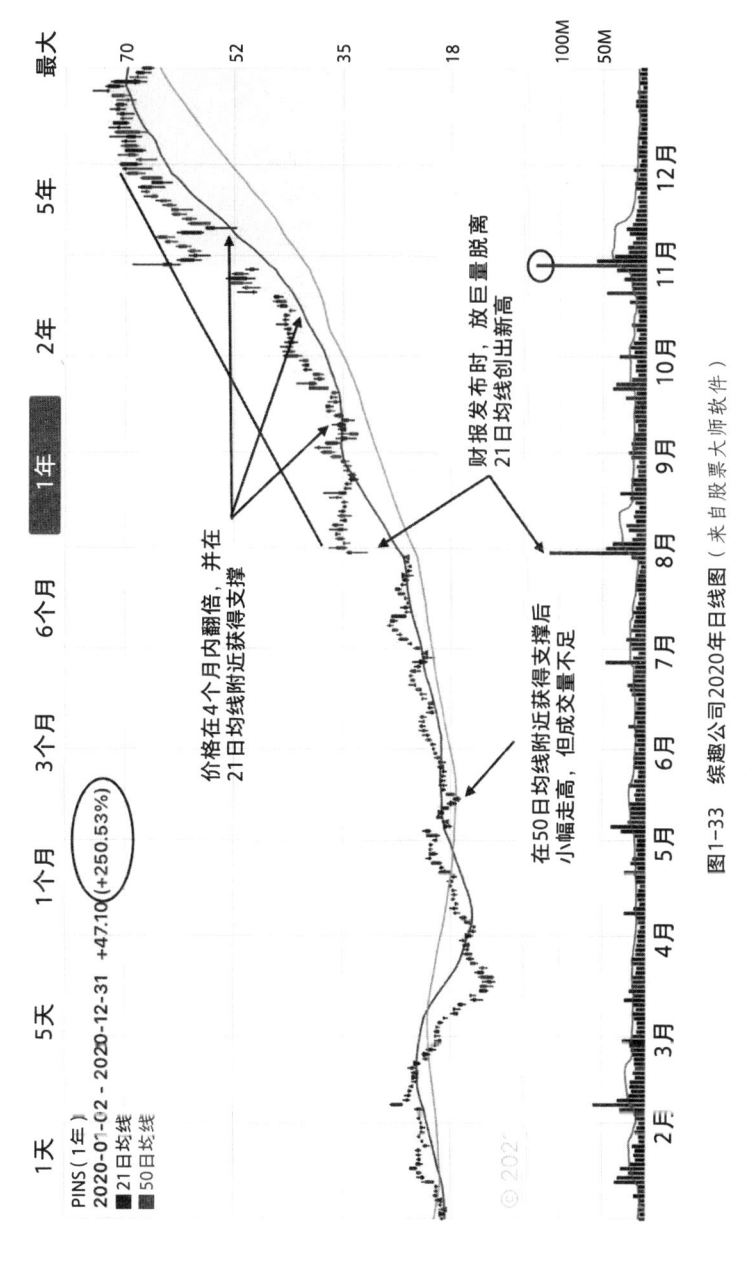

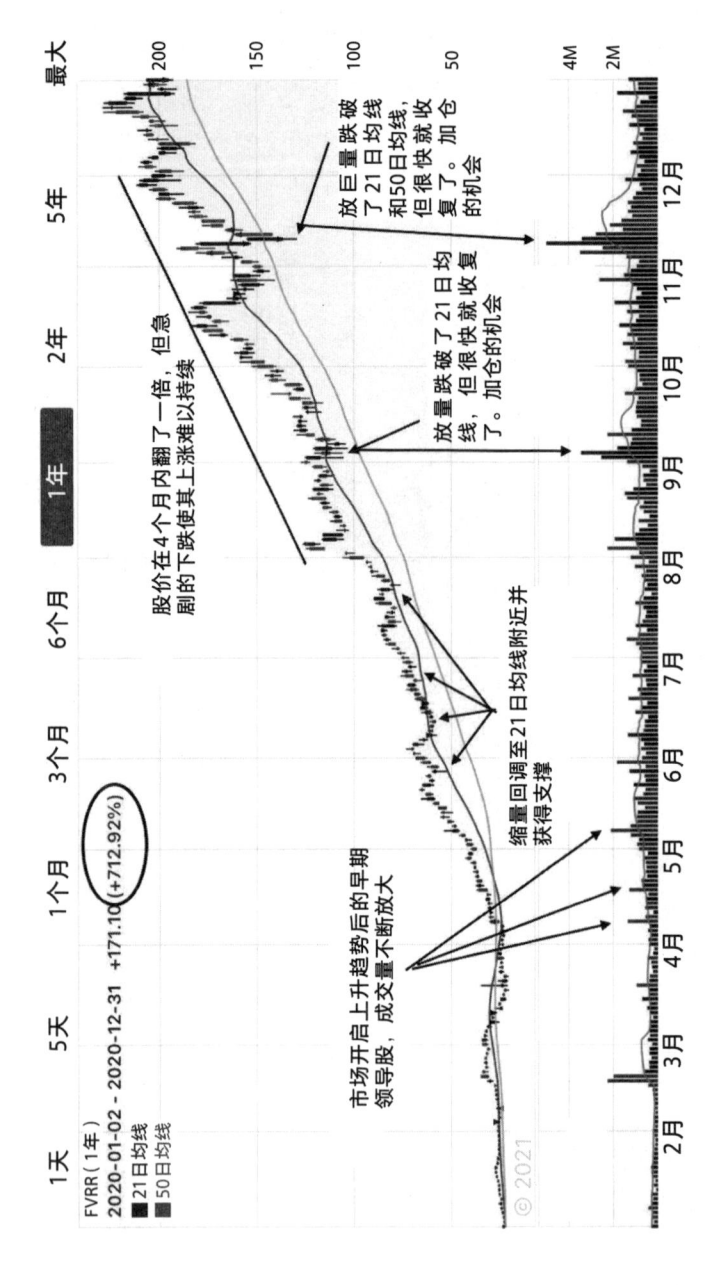

图1-34 Fiverr国际有限公司2020年日线图（来自股票大师软件）

2020 年

1 AMD半导体公司（AMD） Grp 13 o85.55美元
11.5亿股 Comp.Rating 99 EPS 99 RS 96 ROE 37%
为计算机和电子消费设备设计微处理器、嵌入式媒体/图形处理器和芯片组。
Ann. EPS Gro +159% PE 99 Avg. D. Vol 62 467 200股 Debt 17%
Last Qtr EPS +125% ▼ Prior Qtr +200% ▼ Last Qtr Sales +26%
4 Qtrs EPS >15%
Eps Due 10月29日
R&D 23%

更高
支撑
Acc/Dis B
Sup/Demand 93
需要放量

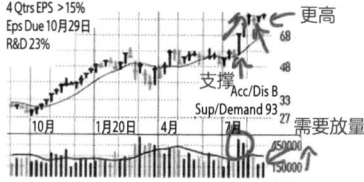

13 亚马逊（AMZN） Grp 3 o3401.80美元
4.207亿股 Comp.Rating 99 EPS 93 RS 94 ROE 22%
提供在线零售服务，使客户的商品和内容可以通过亚马逊网站销售。
Ann. EPS Gro +102% PE 131 Avg. D. Vol 4 881 000股 Debt 38%
Last Qtr EPS +97% ▲ Prior Qtr − 29% ▼ Last Qtr Sales +40%
1 Qtrs EPS >15%
Eps Due 10月24日
R&D 13%

突破
Acc/Dis A

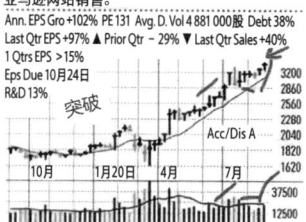

22 Zoom视频通讯（ZM） Grp 8 299.27美元
1.803亿股 Comp.Rating 99 EPS 84 RS 98 ROE 25%
为视频和音频会议、聊天和在线协作提供基于云的软件平台。
Ann. EPS Gro +479% PE 576 Avg. D. Vol 6 546 800股 Debt 0%
Last Qtr EPS +567% ▲ Prior Qtr +275% ▼ Last Qtr Sales +169%
6 Qtrs EPS >15%
Eps Due 9月5日
R&D 11%

本周财报发布
支撑
Acc/Dis B
Sup/Demand 86

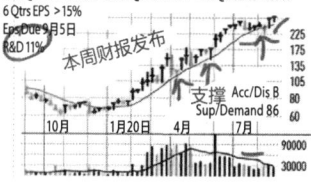

31 迈威尔科技（MRVL） Grp 13 o38.25美元
6.586亿股 Comp.Rating 97 EPS 88 RS 90 ROE 6%
为存储、电信/数据和消费市场设计模拟、数字、混合信号和微处理器集成电路。
Ann. EPS Gro − 18% PE 52 Avg. D. Vol 7 499 700股 Debt 17%
Last Qtr EPS +31% ▲ Prior Qtr +13% ▲ Last Qtr Sales +11%
1 Qtrs EPS >15%
Eps Due 12月3日
R&D 40%

突破
Acc/Dis B+

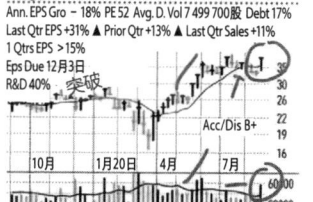

37 富途控股（FUTU） Grp 67 31.96美元
3010万股 Comp.Rating 97 EPS 78 RS 98 ROE 10%
一家中国控股公司，提供在线经纪业务服务。
Ann. EPS Gro +70% PE 68 Avg. D. Vol 1 598 800股 Debt 0%
Last Qtr EPS +303% ▼ Prior Qtr +305% ▼ Last Qtr Sales +167%
2 Qtrs EPS >15%
Eps Due 11月22日

延伸/回调
支撑
Acc/Dis B+

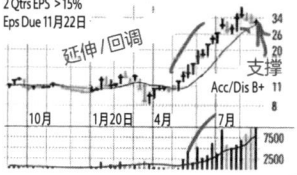

48 维我软件（VEEV） Grp 21 o274.07美元
1.336亿股 Comp.Rating 99 EPS 99 RS 93 ROE 24%
为生命科学行业的公司开发基于云的销售/营销软件。
Ann. EPS Gro +46% PE 109 Avg. D. Vol 852 800股 Debt 0%
Last Qtr EPS +31% ▲ Prior Qtr +32% ▲ Last Qtr Sales +33%
10 Qtrs EPS >15%
Eps Due 11月26日
R&D 19%

支撑/延伸
支撑
Acc/Dis B
高于均量线

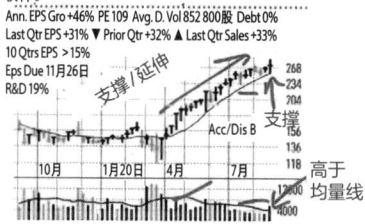

第一章

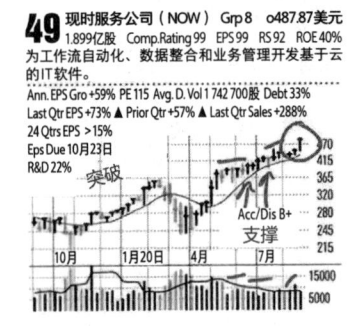

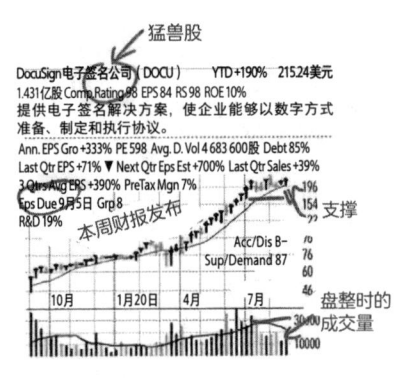

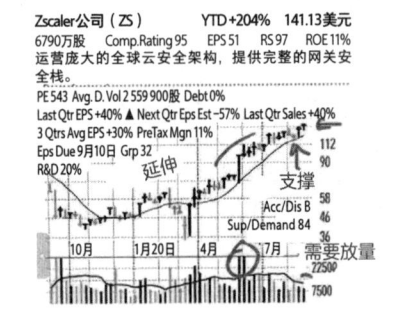

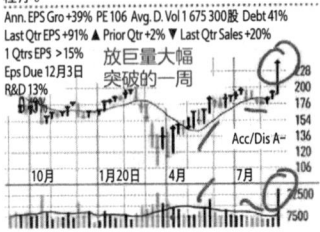

图1-35 每周图表观察列表。2020年8月28日（来自 *IBD*）

临近8月底，随着市场全面反弹，从8月28日的观察列表（见图1-35）中可以看到，许多领导股仍表现强劲，同时也增加了一些新面孔。但在9月4日，H/L/G跌至负值（仅为略低于-43），打破了令人印象深刻的连续78个交易日为正值的纪录。第二天也是负值。9月8日，*IBD*将市场状况下调为"上升趋势承压"。这是自4月2日上调为"上升趋势确认"以来的首次调整。在经历了几周的小幅抛售之后，9月23日，*IBD*将市场状况下调至"市场修正"，这是2020年的第2次。9月21日这一周，H/L/G连续5个交易日为负值——自4月初以来首次出现这种情况。但这一幕出现后，市场就立即掉头。9月30日，*IBD*将市场状况上调为"上升趋势确认"。大多数领导股在9月的回调情况都很正常。

总的来看，10月是一个稳固的月份。一些在秋季开始前获得强劲涨幅的领导股开始回撤。在市场经历了连续数月的强劲上涨后，出现这种情况并不罕见。与上个月一样，在10月的最后一周，H/L/G连续5天为负值。10月30日，在10月26日将市况降级为"上升趋势承压"之后，*IBD*再次将市场状况降级为"市场修正"。但就像一个月前一样，市场又掉头向上，连续几天向上跳空。11月4日，*IBD*将市场状况上调至"上升趋势确认"。在过去几个月里，又有一些领导股开始真正起飞，许多其他股票已从支撑区域开始反弹，即将以强劲的势头结束这一年。当时另外两只表现强劲的股票包括社交媒体相机和视频公司思耐普公司（SNAP），以及基于云计算的广告服务公司萃弈（TTD），它们的股价在2020年都涨了2倍。

第一章

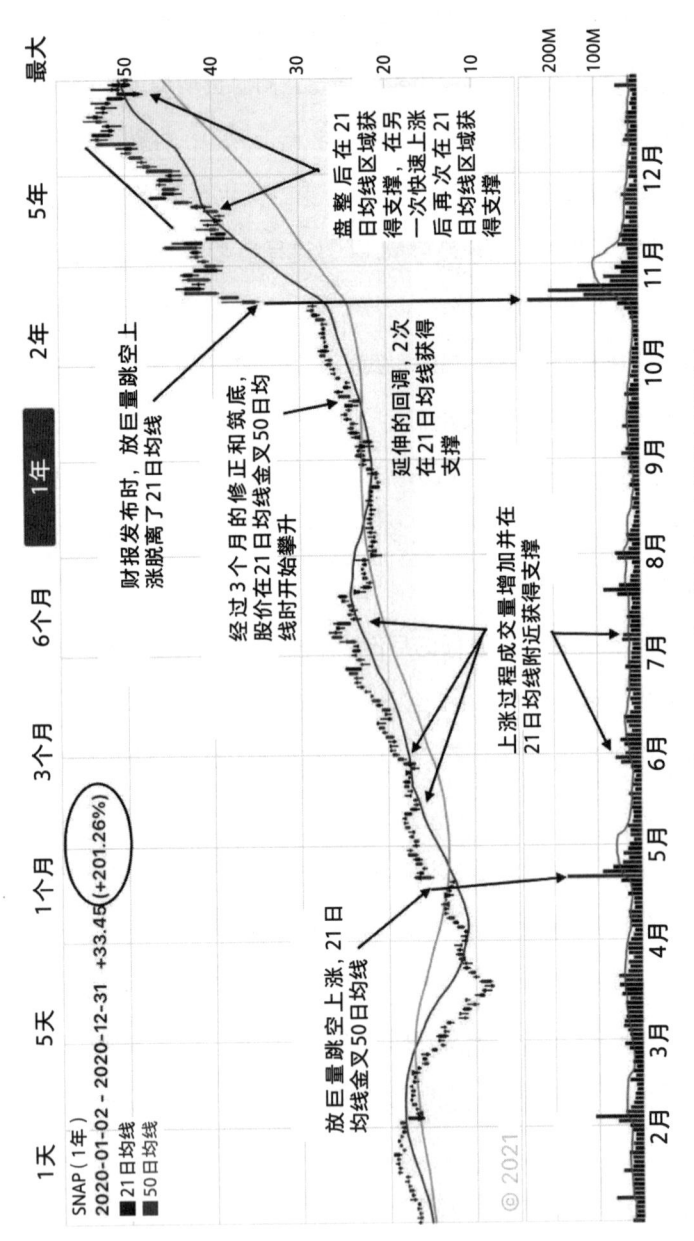

图1-36 思耐普公司2020年日线图（来自股票大师软件）

2020 年

图1-37 萃华2020年日线图（来自股票大师软件）

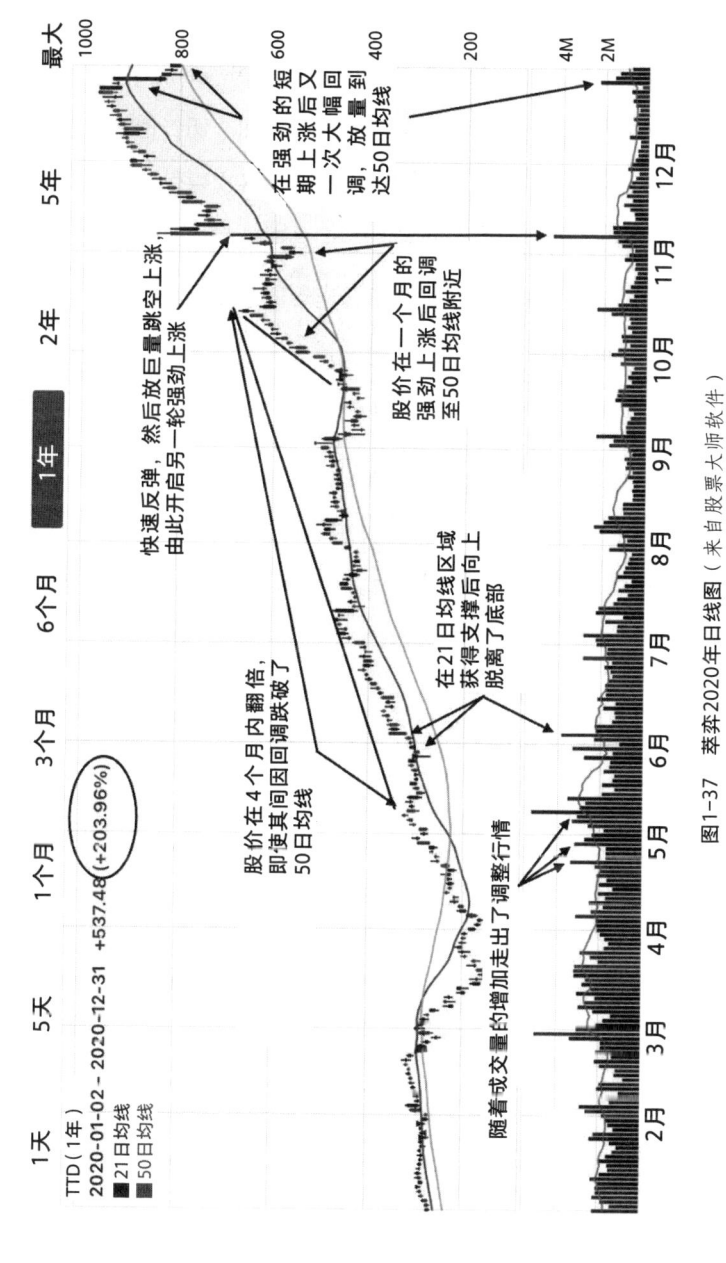

第一章

图1-38和图1-39是另外两个观察列表，日期分别是10月23日和11月27日。你可以看到更多的轮动，一些股票从高点回落并开始调整，还有一些新面孔出现。这个列表并不能囊括一切，但它有助于跟踪领导股的周线图，因为其价格和成交量变化多次提供了有用的线索。你可以看到股票的支撑、价格的扩张和基底的构建等。定期做功课可以让你与市场保持同步，这样当机会出现时你就能抓住它们。

市场在11月和12月表现强劲，三大股指在年底时均位于或接近高点。在这两个月里，H/L/G在每个交易日都是正的，以强劲的连续42天正值结束了这一年。该年，道琼斯工业指数上涨了6.9%，标准普尔500指数上涨了15.8%，纳斯达克指数涨幅最大，达到了42.6%。对于成长股交易者来说，这的确是一个机会之窗——机会从4月初开始出现，并在该年余下的大部分时间里持续存在。然而，当各指数在12月继续攀升时，本章提到的几只领导股开始回撤。我们将很快看到这是否会成为即将到来的新的一年的某些征兆。

2020 年

数据狗公司（DDOG） YTD +170% 102.08美元
1.86亿股 Comp.Rating 98 EPS 78 RS 97 ROE -4%
为企业使用的云应用提供基于SaaS的监控平台。
PE 928 Avg. D. Vol 4 936 500股 Debt 0%
Last Qtr EPS +350% ▼ Last Qtr Sales +68%
3 Qtrs Avg EPS +300% PreTax Mgn - 4%
Eps Due 11月12日 Grp 18
R&D 31%

注意这里 *缩量*

crowdstrike控股（CRWD）YTD +172% 135.42美元
1.826亿股 Comp.Rating 93 EPS 78 RS 96 ROE -49%
美国一家软件公司，开发安全解决方案。
Avg. D. Vol 5 785 300股 Debt 0%
Last Qtr EPS +125% ▲ Last Qtr Sales +84%
PreTax Mgn – 13%
Eps Due 12月5日 Grp 68
R&D 27%

支撑 *打破连续9周的上涨*

杰蛙公司（FROG） YTD +0% 85.25美元
2620万股 Comp.Rating 84 EPS 33 RS 91 ROE -4%
为软件开发人员提供软件分发的二进制存储库管理解决方案。
Avg. D. Vol 1 811 200股 Debt 0%
Last Qtr EPS +300% Last Qtr Sales +46%
PreTax Mgn -4%
Eps Due 10月28日 Grp 18
R&D 28%

IPO基底

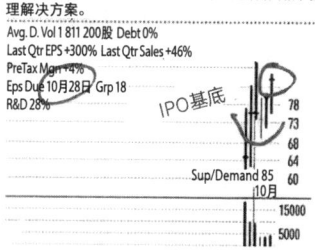

派乐腾公司（PTON） YTD +331% 122.53美元
2.37亿股 Comp.Rating 93 EPS 42 RS 99 ROE -13%
为全球超过310万会员提供娱乐设施和服务以及健身平台。
Avg. D. Vol 25 874 600股 Debt 0%
Last Qtr EPS +259% ▲ Last Qtr Sales +172%
PreTax Mgn – 4%
Eps Due 11月5日 Grp 25
R&D 5%

收在低位 *打破连续19周的上涨*

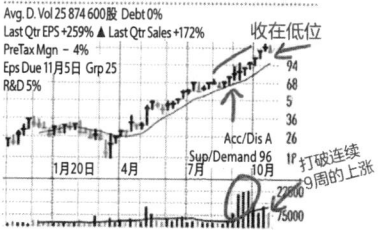

Shopify公司 Grp 18 o1026.22美元
1.071亿股 Comp.Rating 99 EPS 78 RS 96 ROE 1%
通过订阅内容和商家解决方案，为中小型企业提供基于云的商务平台。
Ann. EPS Gro +60% PE 744 Avg. D. Vol 1 764 000股 Debt 0%
Last Qtr EPS +950% ▲ Prior Qtr +217% ▲ Last Qtr Sales +97%
3 Qtrs EPS >15%
Eps Due 10月29日
R&D 22%

支撑 *基底* *缩量*

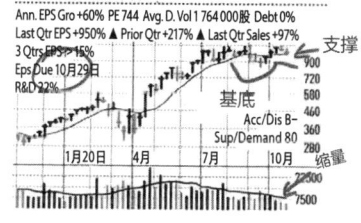

特斯拉（TSLA） Grp 6 420.63美元
7.175亿股 Comp.Rating 99 EPS 78 RS 99 ROE 1%
制造高性能全电动汽车和先进的电动汽车动力系统部件。
PE 229 Avg. D. Vol 70 930 200股 Debt 176%
Last Qtr EPS +106% ▼ Prior Qtr +300% ▲ Last Qtr Sales +39%
3 Qtrs EPS >15%
Eps Due 1月29日
R&D 5%

支撑

第一章

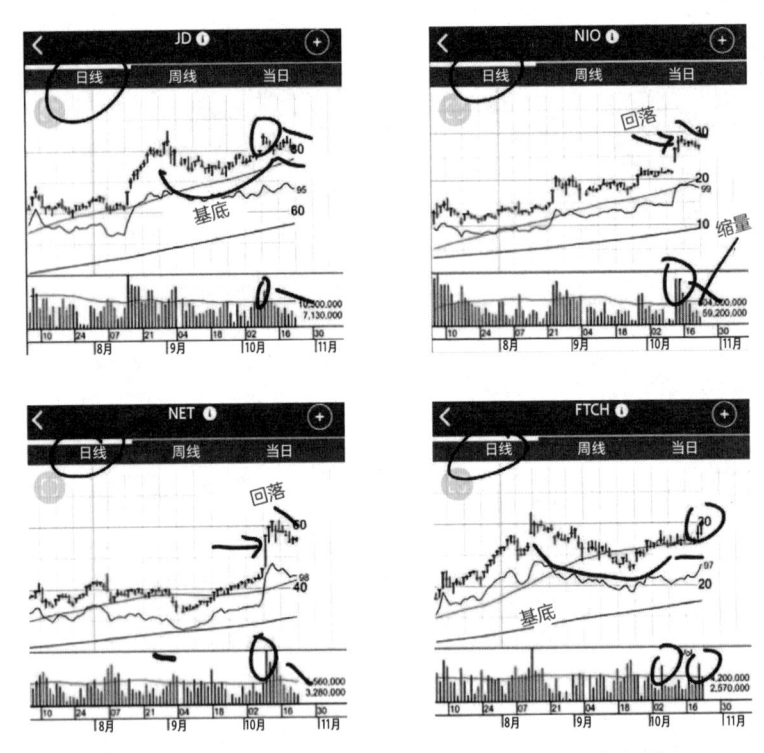

图1-38 每周图表观察列表-2020年10月23日（来自 *IBD*）

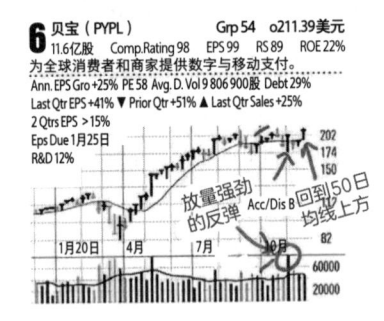

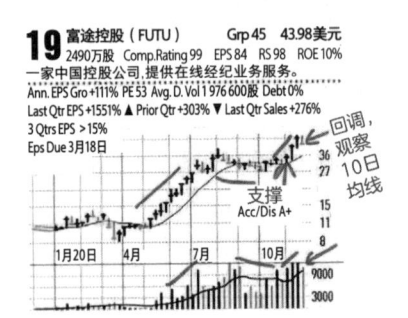

2020 年

23 台湾半导体公司（TSM）　Grp 64　o98.74美元
51.34亿股　Comp.Rating 98　EPS 90　RS 92　ROE 21%
为无晶圆厂芯片公司和集成设备制造商生产逻辑/混合信号集成电路的台湾制造商。
Ann. EPS Gro +9%　PE 31　Avg. D. Vol 7 774 000股　Debt 2%
Last Qtr EPS +46% ▼ Prior Qtr +91% ▼ Last Qtr Sales +30%
4 Qtrs EPS >15%
Eps Due 1月16日
R&D 9%

接近 100
支撑

拼多多（PDD）　YTD +281%　144.05美元
8.724亿股　Comp.Rating 97　EPS 70　RS 98　ROE −20%
中国第三方移动电子商务平台供应商，为有商品购物经验的买家提供服务。
Avg. D. Vol 8 746 000股　Debt 21%
Last Qtr EPS +124% ▲ Last Qtr Sales +99%
PreTax Mgn −15%
Eps Due 3月11日　Grp 46
R&D 13%

巨幅上涨的一周
在高点附近收紧

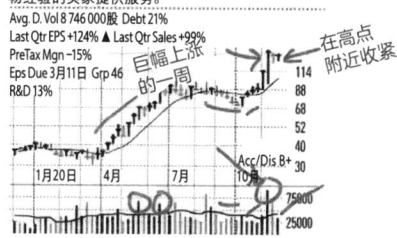

10 特斯拉（TSLA）　Grp 4　585.76美元
7.299亿股　Comp.Rating 99　EPS 76　RS 99　ROE 0%
制造高性能全电动汽车和先进的电动汽车动力系统部件。
PE 318　Avg. D. Vol 44 869 300股　Debt 176%
Last Qtr EPS +105% ▼ Prior Qtr +300% ▲ Last Qtr Sales +39%
3 Qtrs EPS >15%
Eps Due 2月18日
R&D 5%

新高
脱离基底的支撑

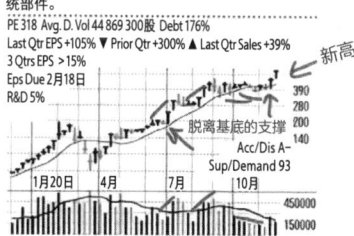

16 Square公司（SQ）　Grp 54　o212.52美元
3.639亿股　Comp.Rating 98　EPS 91　RS 97　ROE 27%
提供管理收据、库存、销售报告以及分析和反馈的销售终端软件。
Ann. EPS Gro +50%　PE 291　Avg. D. Vol 9 600 200股　Debt 55%
Last Qtr EPS +36% ▲ Prior Qtr −14% ▲ Last Qtr Sales +140%
1 Qtrs EPS >15%
Eps Due 2月26日
R&D 14%

新高
支撑
低抛售量

GM

缩量回调

NIO

大猛兽股
收于高位

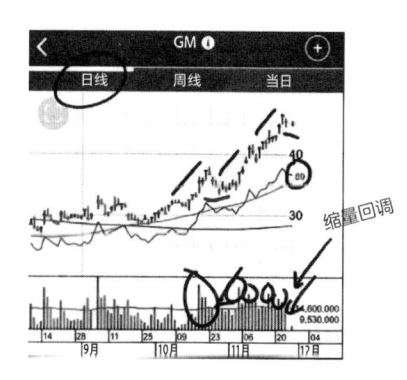

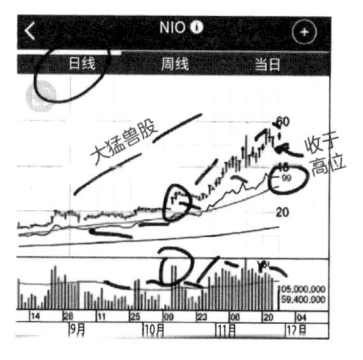

第一章

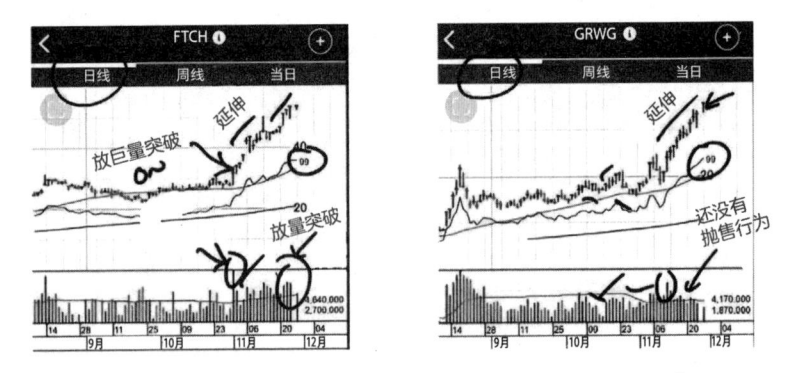

图1-39　每周图表观察列表-2020年11月27日（来自 *IBD*）

图1-40　道琼斯工业指数2020年日线图（来自股票大师软件）

2020年

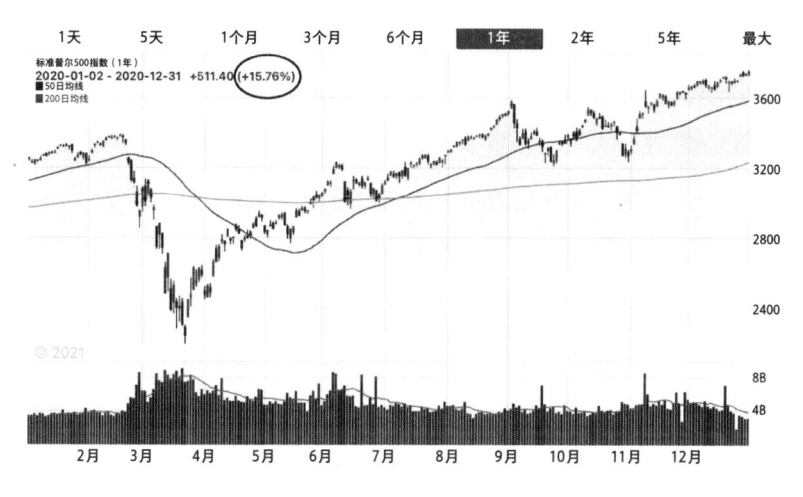

图1-41 标准普尔500指数2020年日线图（来自股票大师软件）

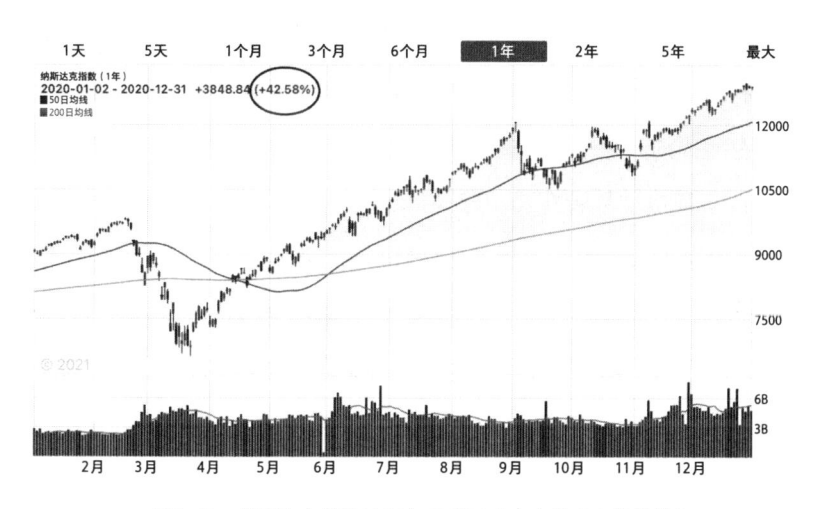

图1-42 纳斯达克指数2020年日线图（来自股票大师软件）

第一章

　　从第一季度短期熊市结束后的情况来看，2020年对于成长股交易者来说是非常强劲的一年。这就是为什么始终保持对市场的关注是值得的。纵观历史，市场曾多次在大多数人意想不到的时候改变了方向。很多时候，上升趋势始于暴跌之后，而此时仍然坏消息不断。2020年春天，新冠肺炎疫情新闻霸屏，市场前景不容乐观。纵观历史，许多最好的机会都是随着市场走出大幅下跌，开启并维持一个新的上升趋势而出现的。有些交易者在短期熊市期间保护了资本，随后重新买入了许多筑底较早，之后进入猛兽股状态的股票，他们的成绩都非常好。大部分大牛股都是在纳斯达克证券市场上市的，也有几个板块表现得不错。这一章分析的29只猛兽股涨幅都超过了一倍，其中有22只至少涨了2倍——这在一年内是相当多的。没有哪个交易者能全部利用这些涨幅，但如果处理得当，一年只需要几只大赢家股，并做到在亏损的交易中及时减少损失，就会有一个获利丰厚的年头。

　　许多顶级交易者在2020年获得了巨额收益，他们交易了本章提到的一些领导股，并在春季上升趋势开始时抱牢了它们。然后，他们把其中的一些卖掉了，要么是强势卖出，要么是在它们出现典型的见顶或卖出信号时抛出。全美投资大赛每年都会举办一次。比赛有着不同的分组，乔治·特卡祖克（George Tkaczuk）在这一年的表现令人印象深刻，他是基金经理组的第一名，取得了119.1%的回报率。

2020年排名（124名参赛者）

截至2020年12月31日的成绩

基金经理已认证评级（100万+账户）

股票组

乔治·特卡祖克 +119.1%

比尔·罗勒（Bill Roller）+15.2%

以下是2020年全美投资大赛个人股票组的前5名交易者（最低2万美元）

全美投资大赛

股票组

奥利弗·凯尔（Oliver Kell）+941.1%

托马斯·克拉罗（Tomas Claro）+497%

瑞安·皮尔庞特（Ryan Pierpont）+448.4%

马修·卡鲁索（Matthew Caruso）+346%

舍希德·萨利姆（Shahid Saleem）+322%

顶级交易者

奥利弗·凯尔以令人难以置信的941.1%的回报率在比赛中创下新的纪录。奥利弗交易的最大赢家股包括TSLA（见图1-29）、福斯特（FSLY）（见图1-21）和LVGO（见图1-16）。他在3月初以25美元左右的价格买入了LVGO，因为该股在市场大幅抛售期间表现良好，产品被认为能在新冠肺炎疫情中对人们有所帮助。当股价上涨了50%时，他卖掉了部分股票，但保留了核心头寸。8月，公司合并的消息公布。不久后，他就以135美元的价格卖出了所有的LVGO股票。他的核心

第一章

头寸回报率为440%。他还多次交易FSLY，收益最高的一次是从29美元持有到95美元，在2个月内获利226%。对于FSLY，他还进行了几次波段交易，并且遭遇了10月中旬的大幅跳空下跌（和许多其他顶级交易者一样）。他没有期待股价反弹，而是迅速卖出了自己持有的头寸，之后没有再交易过这只股票。TSLA是奥利弗的另一个大赢家股。他在这只领导股的上涨过程中进行了多次波段操作。早在3月他就开始交易TSLA，当时市场还在下跌，他被迫止损出局。但在3月底市场抛售开始减弱时，他又回来了。他在100美元附近开始建立头寸，然后在117美元进行了金字塔式加仓。股价迅速上涨至150美元。当公司财报带来负面消息时，他将股票抛出。在股价接近145美元的时候，他再次进场，并在股价强劲上涨至170美元、200美元和205美元时进行了金字塔式加仓。他以接近自己总账户70%的巨大头寸涌入了这只领导股。这是相当集中的持股，历史上的顶级交易者们在知道自己是对的时候都会这么做。最终他以325美元的价格卖出了他持有的大部分头寸，然后以300美元的价格卖出了更多头寸。8月，当该股回调盘整时，他遭遇了小幅回撤被动获利了结。但TSLA又强势回归了，奥利弗在300美元附近再次进场并一直持有，直到在股价接近475美元和450美元时卖出，总共获得了55%的快速回报。9月和11月，他在再次交易该股时因遭遇少量损失而被止损出局。但有一次损失对他打击很大——他在9月4日以395美元的价格买入，在9月8日开盘时卖出，亏损10%。这样做能够截断亏损，但他已经把40%的资金都集中在了这个头寸上。这些损失可能会对他的账户造成一定影响，但他在那时已经赚了很多钱，所以冒了这个险。这笔交易虽然没有成功，但没有吓退他。到了11月中旬，TSLA再次起飞，奥利弗又很快进场了。他没有受之前损失的影响，仍然对这只股票充满信心，因为它真的开始拉升了。他再次大举进场，集中持仓（再次接近其总账户的70%）。他在462美元附近建立头寸，并在股价超越500美元时加仓，然后持有这些头寸直到年底。TSLA在2020年收于705美元。他最终在2021年年初以875美元的价格卖出了这些头寸。请仔细查看图1-29中的TSLA图表，你可以跟踪奥利弗的交易，看看顶级交易者是如何在一年内获得超过900%的回报的！他在TWLO（见图1-19）、ROKU（见图1-24）和DDOG（见图1-17）等股票上也操作得很好。奥利弗在2021年出版的《成功的交易》(Victory in Stock Trading)一书中详细描述了他的交易策略。我强烈推荐此书。

马修·卡鲁索以非常可观的346%回报率在股票组排名第4，他也交易了本书中提到的几只股票。他最成功的3笔交易是关于LVGO、FSLY，以及TTD（见图1-37）的。4月3日，马修以28.50美元的价格买入LVGO，作为交易LVGO的开始。那正好是市场上升趋势开始的时候。当8月5日公司宣布被收购合并时，他以144美元的价格卖出了自己的头寸。4个月涨幅405%！他于5月7日以27.50美元的价格买入了FSLY。这时该股首次出现突破性缺口。10月14日，他以91美元的价格卖出了头寸，5个月回报率231%。他于4月22日以232美元的价格买入了TTD。就在几周前，市场确认了上升趋势，更多的股票开始突破并领涨。7月14日，他以430美元的价格卖出了TTD，3个月的回报率为85%。一年当中，他还有许多笔成功的交易，遇到不利情况时，他总是会削减头寸以减少损失。

　　瑞安·皮尔庞特以令人难以置信的448%回报率名列股票组第3。他也在2021年获得了第3名（参阅第二章）。瑞安的策略是波段交易，所以他持仓只有几周。但他会抓住真正的领导股，然后围绕它们进行波段操作。根据每个人的需求和个性来制定合适的交易策略是至关重要的。瑞安在2020年最成功的交易是关于TSLA的。他在4月初买入了TSLA，当时市场正在开启上升趋势，TSLA正从基底右侧放量上涨。他在5月初卖出了这一头寸，获得了快速而巨大的收益。7月初，他又重新买入了TSLA，当时该股放量脱离了21日均线并创下新高，启动了持续数周的飙升（见图1-29）。瑞安将他的头寸进行了强势卖出，获得了巨大而稳固的短期收益。8月中旬，在经历了短暂回调后，他再次买入TSLA。在随后的几周里，该股再次大幅走高。瑞安在9月初卖出了该头寸，再次获得了巨大的短期收益。针对该股，他在2020年还有另一次类似的操作。11月，他再次买入TSLA，搭上了其快速上涨的顺风车（至12月初），又一次获得了巨大的收益。他错过了TSLA在该年12月至2021年的最后一波强劲走势，但他使用了对自己来说最完善的策略，在TSLA上获得了巨大的收益。正如前文所提到的，瑞安在2021年再次参赛，使用他的波段交易策略，在关键买入区域买入流动性强的领导股，然后将其强势卖出，并且不断重复这个过程，再次赢得了股票组第3名的成绩。

　　吉姆·罗佩尔（Jim Roppel），我在之前的作品中介绍过他。他管理着罗佩尔资本管理公司,在2020年获得了三位数的回报率。罗佩尔的几个大赢家股是ZM(见图1-6)、ROKU(见图1-24)和TTD。伊夫·波波(Eve Boboch)是罗佩尔资本管理公司的投资组合经理和市场策略师。伊夫管理的基金在2020年也获得了三位数的回报率。她最成功的交易也是在TSLA上。她在2019年也曾多次交易TSLA,但在2020年,她在这只股票上打出了本垒打。这是她最大的头寸——她的持仓非常集中,因为TSLA是真正的市场领导者,在2020年的上升趋势中引领着市场。威廉·欧奈尔的一个关键策略是,当行情合适而你持有的是最好的领导股时,要重仓持有一两只股票。2003年,欧奈尔将持仓高度集中在亿贝(eBay)上。他了解这家公司,其基本面是一流的。他在这只股票上获得了巨大的收益。伊夫很了解特斯拉,她也遵循了同样的集中持仓策略。她最开始买入TSLA是在2019年10月初。她在这只股票上获利非常丰厚,后来基于TSLA的抛物线走势和市场状况的恶化,她于2020年2月清仓。随着2020年市场上涨势头的加强,她于2020年5月18日以165.86美元(复权价)买回了TSLA。在该年剩下的时间里,她多次围绕这一核心头寸进行波段交易。当财报即将发布、股价出现扩张或者到达支撑位等情况时,她会进行加减仓等操作。到2022年1月中旬,她的核心头寸上涨了532%。

伊夫在2020年的另一笔重要交易是关于派乐腾公司(PTON,见图1-8)的。伊夫在PTON上的买卖操作是教科书式的猛兽股交易。在市场开启上升趋势后不久,伊夫于4月13日以29.79美元的价格开始买进PTON。她在6月数次采用金字塔式加仓扩大自己的头寸,并在

第一章

条件允许的情况下多次围绕最初的核心头寸进行波段交易。当她的核心头寸上涨超过70%时，她降低了自己的风险敞口。在9月底PTON开始启动时，伊夫又进行了加仓。该股开启了直线拉升，她于10月中旬进行了强势卖出。她在2020年秋季又针对该股做了几笔交易，并于2021年4月20日以105.55美元的价格卖出了在PTON上的剩余头寸。该股的核心头寸为她带来了254%的回报率。伊夫与人合著了《股票的生命周期交易》（*The Lifecycle Trade*），该书于2018年出版，是一本关于IPO（首次公开募股）和成长股交易的畅销书。

你可以看到这些顶级交易者在几只相同的股票上获得了巨大的收益。这是因为这些股票是当年表现突出的领导股，它们在强劲上涨期间提供了数次交易机会。领导股会引起顶级交易者的注意。即使每个交易者的策略不同，他们也都发现了这些股票，然后将自己的策略应用到这些股票上。有些交易者会一直持有某只领导股的核心头寸——只要它能够保持良好的走势。之后他们会将一部分头寸进行强势卖出。如果股价像FSLY那样出现暴跌，他们就会抛售全部头寸。但许多交易者会围绕自己的核心头寸进行波段交易。如果这些波段交易不起作用，他们就会截断亏损。在保留核心头寸以抓住股票更大的整体涨幅的同时，这些成功的波段交易增加了他们的收益。

第二章

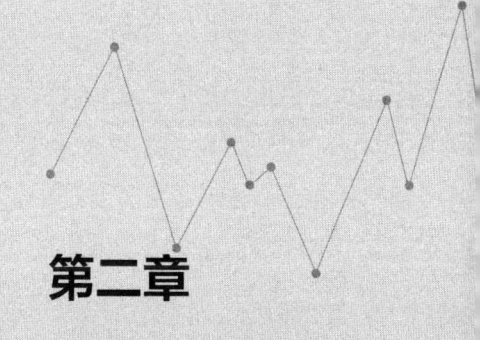

2021年

2021年

2020年结束，市场开启了新的一年。随着上升趋势的延续，2020年的许多领导股从2020年年底已经经受过考验的支持区域开始反弹。一些其他的新候选股也开始采取行动。但表现最好的股票仍然是2020年的几只猛兽股。不过，不是所有的。其中一些遭受重创，失去了领导股地位。当该放手的时候，你需要留意这些强烈的卖出信号。FSLY是2020年10月第一批走弱的股票之一（见图1-21）。这种强烈抛售让许多交易者措手不及。该股再也没能从这一典型的卖出信号中恢复过来。ZM是另一只在2020年秋失去领导股地位的股票（见图1-6）。当股价猛烈跌破21日均线和50日均线区域时，特别是在放大量的情况下，这些区域就会变成阻力位而不是支撑位，这就是典型的卖出信号。通常情况下，如果股价没有迅速恢复，那么跌破这些均线会巩固该股已经发生的趋势变化。我们将在下一章"经验教训"中看到更多类似的情况。这就是为什么当该放手的时候就应该放手。你不会想把在一次成功的交易中赚来的大部分利润还回去。总会有其他机会的。

1月延续了上升趋势，到了月末，即1月29日，*IBD*将市场状况调整为"上升趋势承压"。但是很快，市场在2月2日掉头恢复了上升趋

第二章

势。这一情况与2020年非常类似，当时市场状况由"上升趋势确认"转变为"上升趋势承压"，但很快就恢复了。图2-1中的每周图表观察列表显示，许多领导股继续提供了交易机会，有少数股票出现了重要的卖出信号，正如我们在FSLY和ZM上看到的。上升趋势正在增强，来自2020年的大多数领导股保持着上升趋势，一些新的候选股正在构建良好的基底形态，提供了新的交易机会。

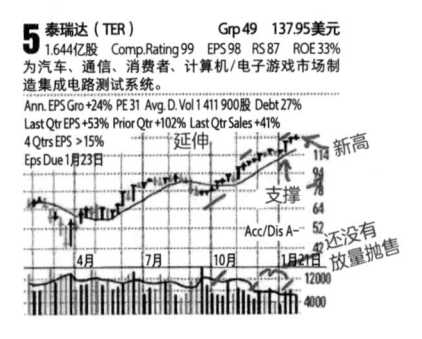

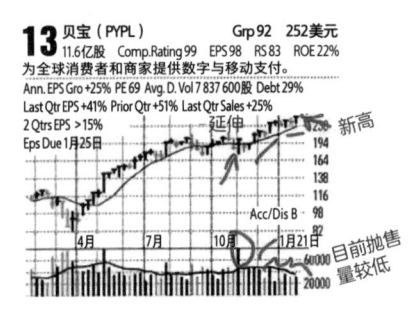

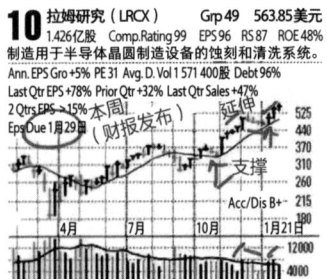

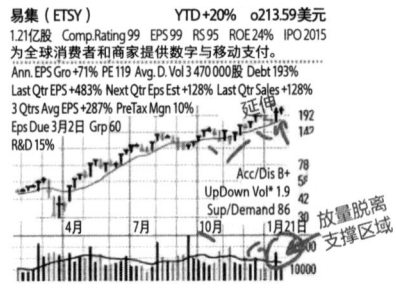

* UpDown Vol：涨跌量比

2021 年

17 台湾半导体公司（TSM） Grp 63 129.14美元
51.342亿股 Comp.Rating 97 EPS 90 RS 89 ROE 21%
为无晶圆厂芯片公司和集成设备制造商生产逻辑/
混合信号集成电路的台湾制造商。
Ann. EPS Gro +14% PE 38 Avg. D. Vol 10 462 000股 Debt 2% 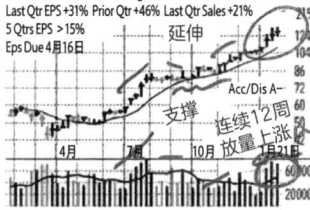
Last Qtr EPS +31% Prior Qtr +46% Last Qtr Sales +21%
5 Qtrs EPS >15%
Eps Due 4月16日
延伸
支撑
连续12周
放量上涨

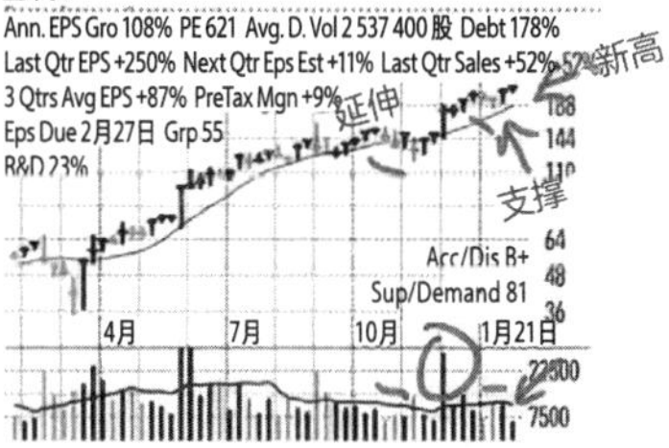

25 数字涡轮机公司（APPS） Grp 113 67.93美元
8250万股 Comp.Rating 99 EPS 75 RS 99 ROE 31%
开发移动软件，以实现移动内容分发和交易。
Ann. EPS Gro +246% PE 179 Avg. D. Vol 3 557 400股 Debt 24%
Last Qtr EPS +200% Prior Qtr +160% Last Qtr Sales +116%
9 Qtrs EPS >15%
Eps Due 2月11日
延伸
新高
支撑
Acc/Dis B+
Sup/Demand 90
还没有
放量抛售

crowdstrike控股（CRWD） YTD +6% 223.52美元
1.864亿股 Comp.Rating 98 EPS 75 RS 95 ROE −49%
美国一家软件公司，开发安全解决方案。
PE 999 Avg. D. Vol 4 889 600股 Debt 0%
Last Qtr EPS +214% Last Qtr Sales +86%
3 Qtrs Avg EPS +152% PreTax Mgn −13%
Eps Due 3月5日 Grp 55
R&D 27%
紧凑
脱离支撑区域
缩量

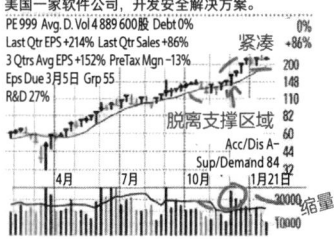

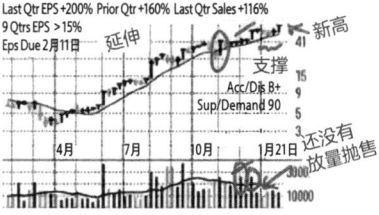

富途控股（FUTU） 猛兽股 YTD +118% 99.89美元
3900万股 Comp.Rating 99 EPS 84 RS 99 ROE 10%
为存储、电信/数据和消费市场设计模拟、数字
混合信号和高处理器集成电路。
Ann. EPS Gro 111% PE 121 Avg. D. Vol 4 500 200股 Debt 0%
Last Qtr EPS +1551% Next Qtr Eps Est +749% Last Qtr Sales +276%
3 Qtrs Avg EPS +720% PreTax Mgn +18%
Eps Due 3月18日 Grp 61
卓越的量价行为
注意，达到
约100美元
新高
放量
脱离
50日
均线

Zscaler公司（ZS） YTD +9% 217.36美元
7510万股 Comp.Rating 97 EPS 49 RS 94 ROE 8%
运营庞大的全球云安全架构，覆盖整个网关安
全栈。
Ann. EPS 108% PE 621 Avg. D. Vol 2 537 400股 Debt 178%
Last Qtr EPS +250% Next Qtr Eps Est +11% Last Qtr Sales +52%
3 Qtrs Avg EPS +87% PreTax Mgn +9%
Eps Due 2月27日 Grp 55
R&D 23%
新高
延伸
支撑

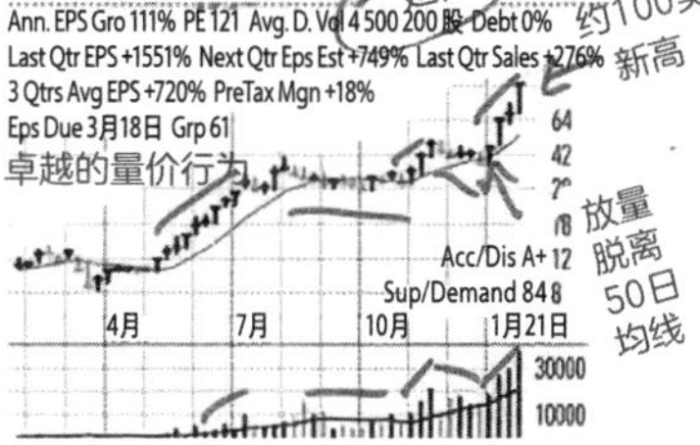

大全新能源（DQ） Grp 1 96.77美元
4920万股 Comp.Rating 99 EPS 91 RS 99 ROE 8%
生产和销售多晶硅光伏产品的中国制造商。
Ann. EPS Gro − 21% PE 75 Avg. D. Vol 2 583 300股 Debt 28%
Last Qtr EPS +175% Prior Qtr +200% Last Qtr Sales +50%
3 Qtrs EPS >15%
Eps Due 4月3日
R&D 2%
新高
延伸
在50日均线
获得支撑

087

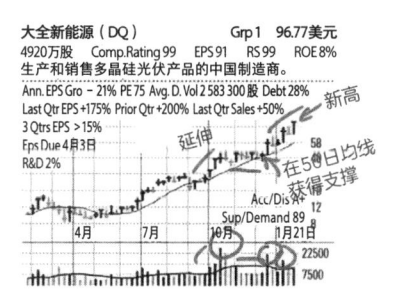

第二章

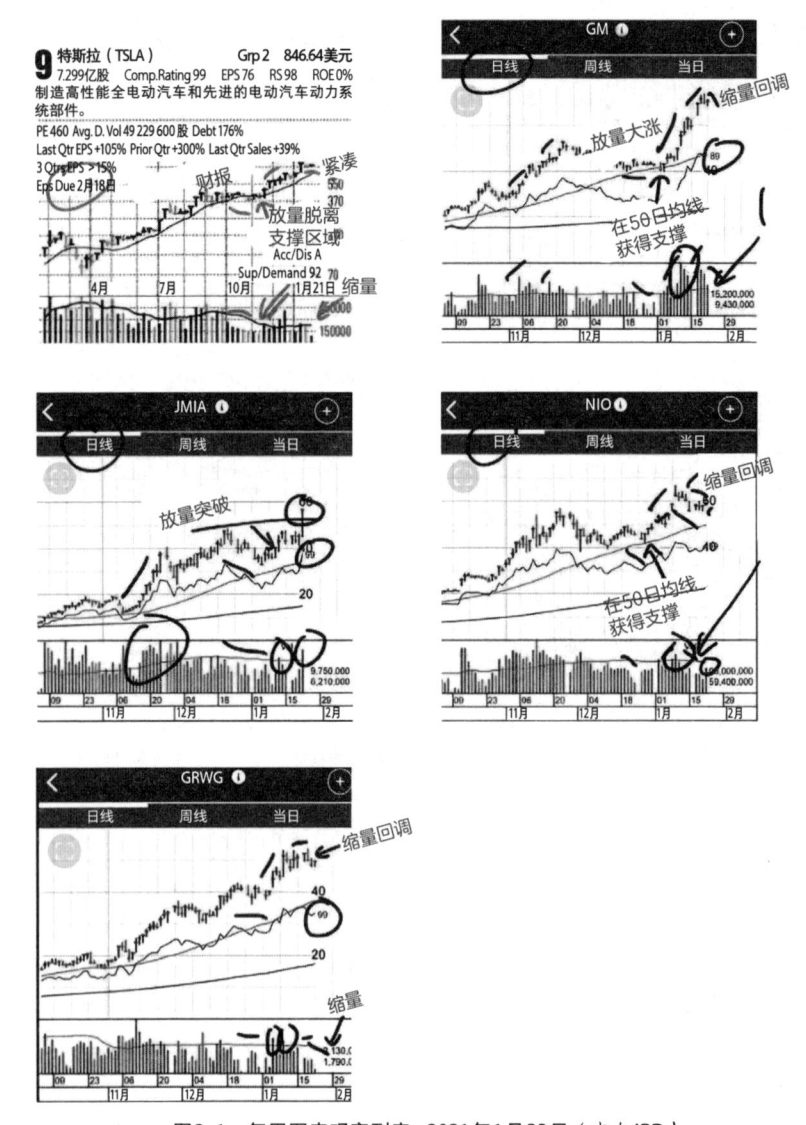

图2-1 每周图表观察列表，2021年1月23日（来自 *IBD*）

2月，上升趋势继续，但到了月中，H/L/G显示出高于900的净正值。过去的历史表明，在中期内该指标是过高的且不可持续的。到2月底，*IBD*再次将市场状况调整为"上升趋势承压"，并在3月4日将其进一步下调为"市场修正"。市场再次快速反弹，并在3月10日升级为"上升趋势恢复"。但市场发生了微妙的变化。3月中旬，我们开始看到行业轮动的迹象。这一变化将最终定义2021年大部分时间里的市场主题。在2020年大部分时间里飙升的成长股开始失去动力，新的突破也将变得短暂。经典突破后的走势开始疲软，变得更像是一个交易者市场（更适合波段交易、剥头皮交易甚至是日内交易）。尽管市场指数和多数领导股的调整幅度不大，但许多个股开始变得起伏不定。领导股正在发生改变。更多防御类股票和经济复苏类股票开始领涨。图2-2是3月底的领导股观察列表。

其他在2021年初春表现良好的股票包括：以星航运公司（ZIM）、戴文能源公司（DVN）、纽柯钢铁（NUE）和响尾蛇能源公司（FANG）等，它们最终成为当年的猛兽股。以星航运公司是一家在年初上市的IPO公司。从图2-2的观察列表和刚才提到的股票中（下面有图表），你可以看到市场正在向其他板块轮动。从航运到能源再到钢铁，市场的机会在不断增加，但是对于习惯了2020年高成长股环境的个人股票交易者来说，市场的机会正在减少。当行业轮动开始变得越来越普遍时，这些飙涨的股票中有许多开始回撤。不过，有一只股票表现非常突出，那就是信息技术安全公司飞塔科技（FTNT）。FTNT是一只来自2020年的猛兽股，股价继续稳步上涨。另一只从年

第二章

初开始飙涨的股票是富图控股（FUTU），我在第一章中提到过它。FUTU的股价在短期内大幅上涨，但在达到峰值后也被迫屈服于抛售压力。

4 应用材料（AMAT） Grp 29 128.64美元
9.085亿股 Comp.Rating 99 EPS 93 RS 91 ROE 40%
生产用于集成电路/平板显示器制造的沉积、检测和蚀刻/清洗设备。
Ann. EPS Gro 0% PE 28 Avg. D. Vol 9 100 700股 Debt 52%
Last Qtr EPS +42% Prior Qtr +56% Last Qtr Sales +24%
5 Qtrs EPS >15%
Eps Due 5月14日

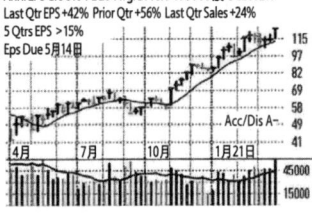

11 迪尔（DE） Grp 47 372.29美元
3.103亿股 Comp.Rating 96 EPS 92 RS 89 ROE 22%
制造拖拉机、联合收割机、棉花/甘蔗收割机、喷雾器、割草机和挖掘装载机。
Ann. EPS Gro +7% PE 34 Avg. D. Vol 1 911 000股 Debt 253%
Last Qtr EPS +137% Prior Qtr +12% Last Qtr Sales +19%
1 Qtrs EPS >15%
Eps Due 5月22日

10 纽柯钢铁（NUE） Grp 17 79.3美元
2.921亿股 Comp.Rating 97 EPS 81 RS 67 ROE 9%
为汽车、建筑、机械和家电行业制造钢铁和钢铁产品。
Ann. EPS Gro -15% PE 24 Avg. D. Vol 2 805 500股 Debt 49%
Last Qtr EPS +148% Prior Qtr -26% Last Qtr Sales +3%
1 Qtrs EPS >15%
Eps Due 4月28日

14 莱纳国际（LEN） Grp 109 102.85美元
2.696亿股 Comp.Rating 95 EPS 95 RS 80 ROE 14%
在美国19个州建造独户附属和独立住宅，并开发/销售住宅用地。
Ann. EPS Gro +18% PE 12 Avg. D. Vol 3 024 700股 Debt 0%
Last Qtr EPS +61% Prior Qtr +32% Last Qtr Sales +18%
5 Qtrs EPS >15%
Eps Due 6月15日

46 Berry Global（BERY） Grp 143 62美元
1.3亿股 Comp.Rating 89 EPS 96 RS 64 ROE 35%
为食品、饮料和医疗保健行业制造塑料消费品包装和工程材料。
Ann. EPS Gro +14% PE 11 Avg. D. Vol 1 140 300股 Debt 486%
Last Qtr EPS +100% Prior Qtr +77% Last Qtr Sales +11%
4 Qtrs EPS >15%
Eps Due 5月1日

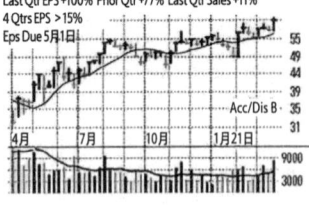

48 字母表（GOOGL） Grp 78 2024.73美元
2.977亿股 Comp.Rating 93 EPS 92 RS 67 ROE 17%
提供在线搜索、互联网内容服务和网络广告。投资自动驾驶技术。
Ann. EPS Gro +10% PE 38 Avg. D. Vol 1 878 800股 Debt 6%
Last Qtr EPS +29% Prior Qtr +24% Last Qtr Sales +23%
2 Qtrs EPS >15%
Eps Due 4月28日

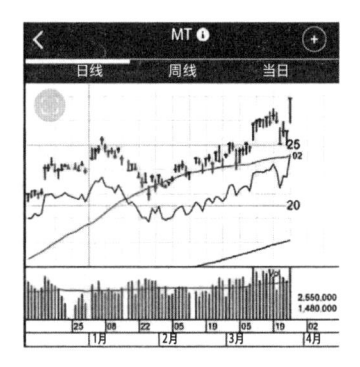

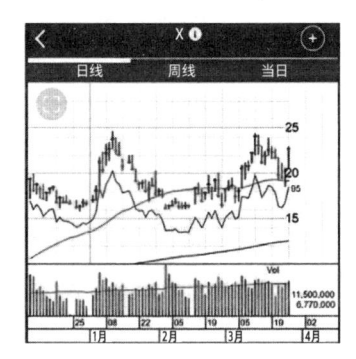

图 2-2　每周图表观察列表，2021 年 3 月 29 日（来自 *IBD*）

第二章

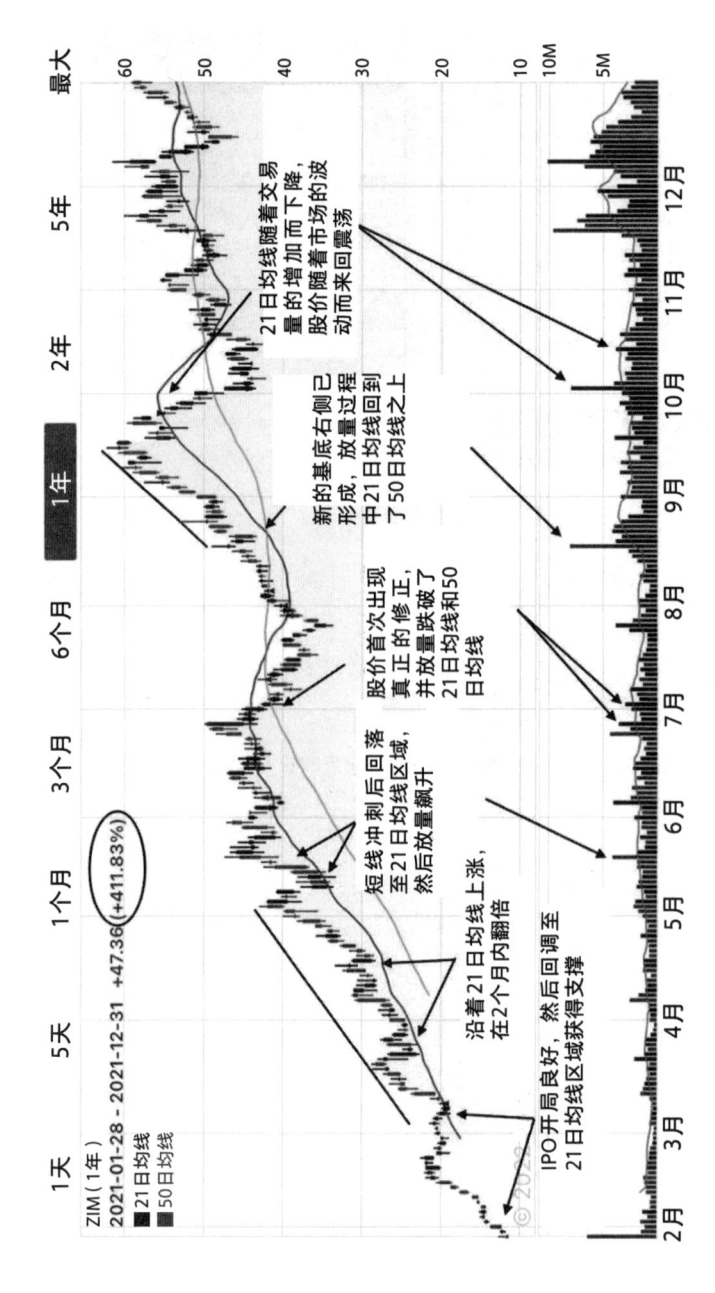

图2-3 以星航运公司2021年日线图（来自股票大师软件）

图 2-4 戴文能源公司2021年日线图（来自股票大师软件）

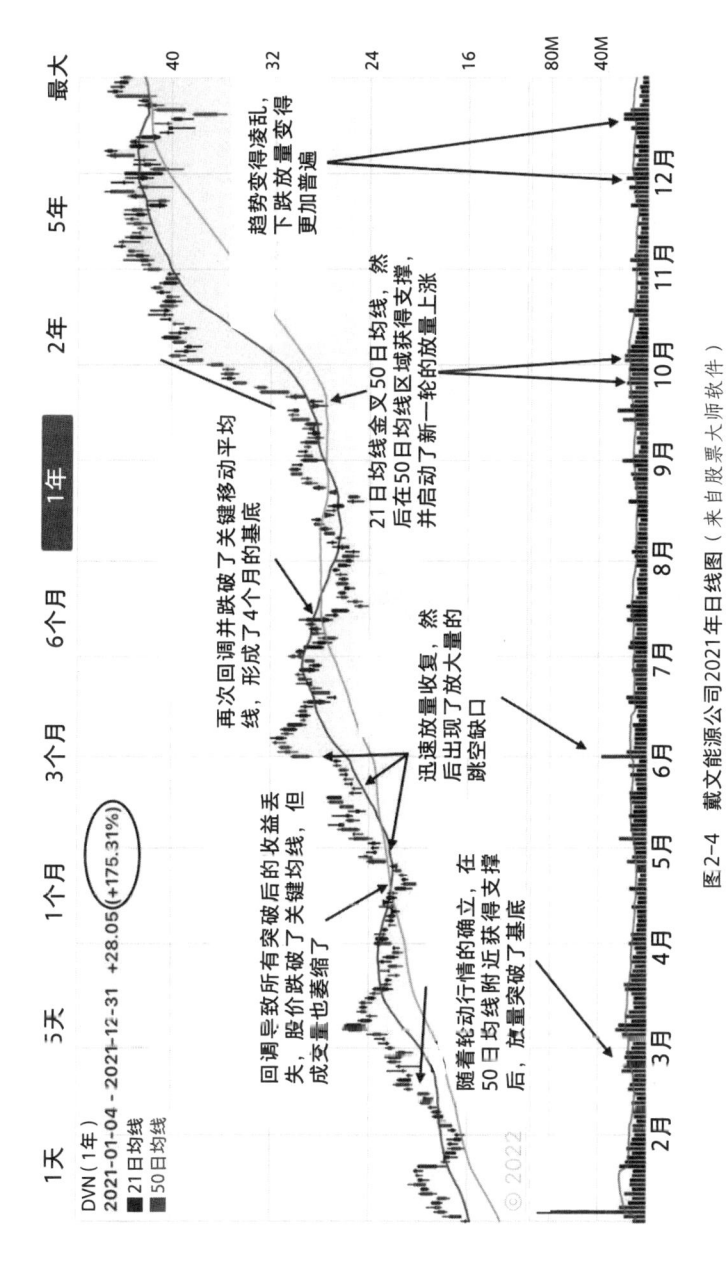

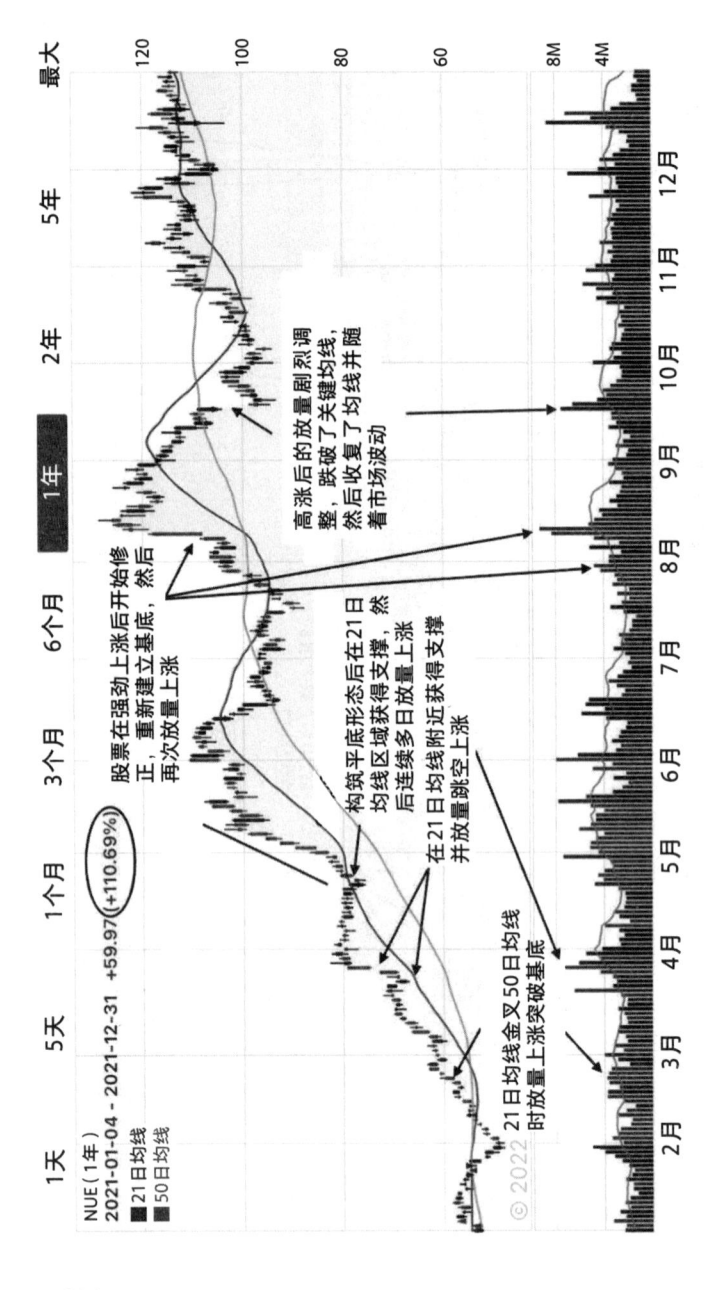

图2-5 纽柯钢铁2021年日线图（来自股票大师软件）

2021年

图2-6 响尾蛇能源公司2021年日线图（来自股票大师软件）

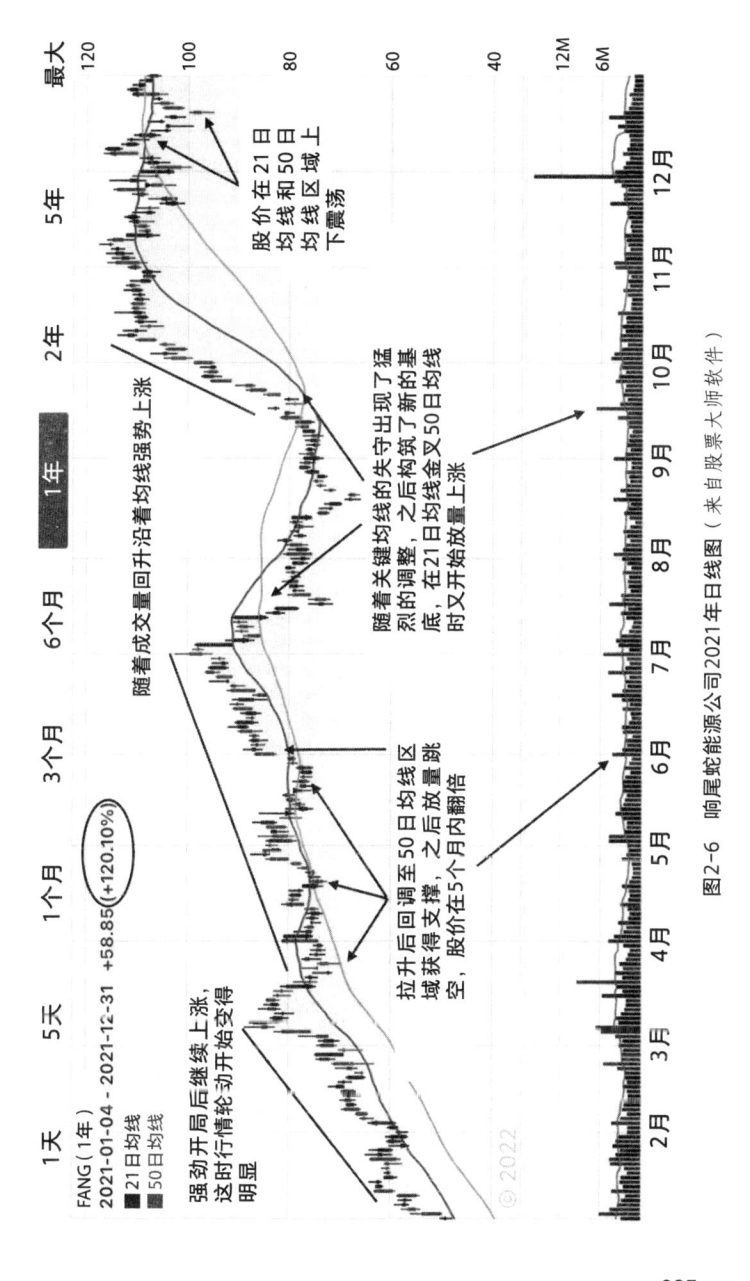

第二章

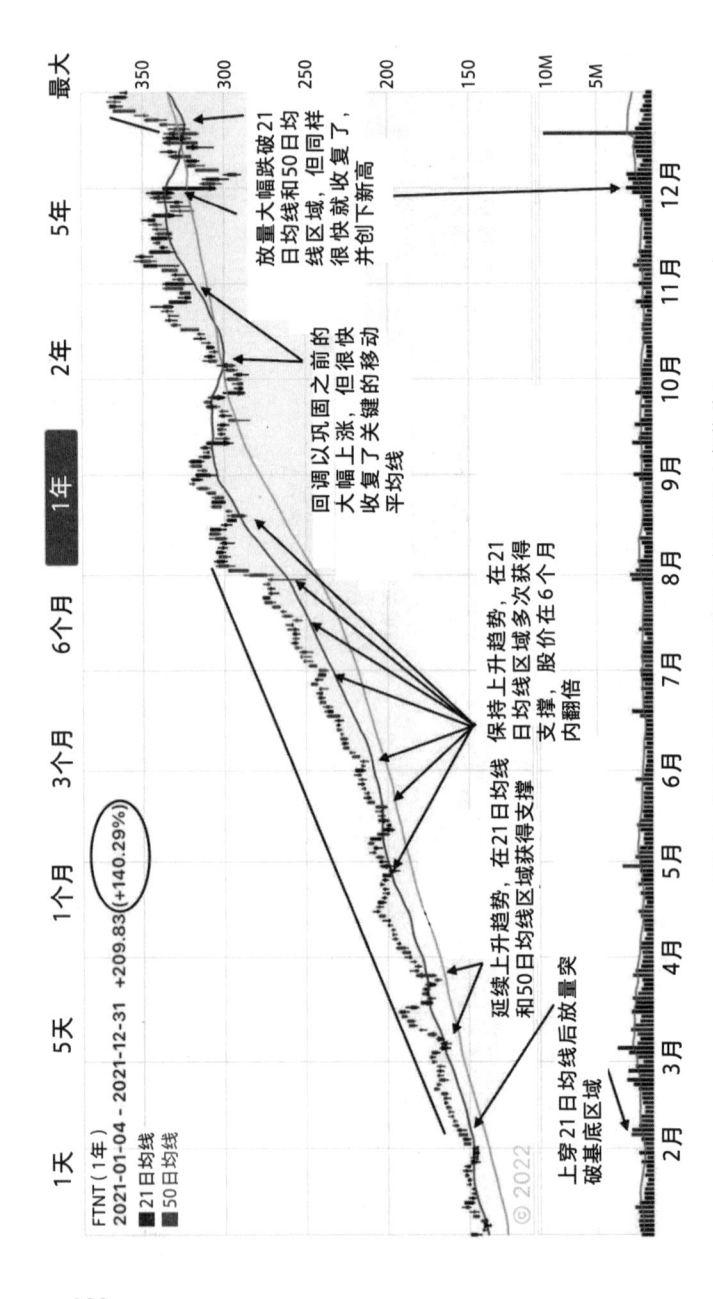

图2-7 飞塔科技2021年日线图（来自股票大师软件）

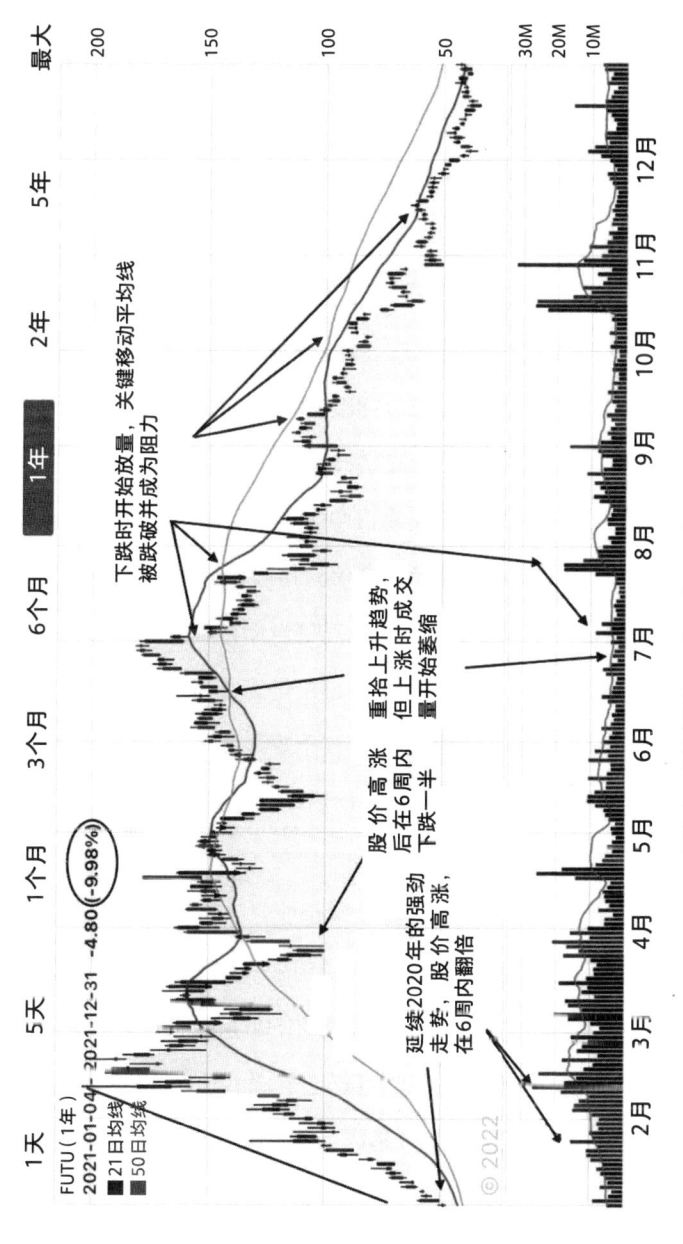

图2-8 富途控股2021年日线图（来自股票大师软件）

第二章

　　市场在4月初出现反弹，许多之前回调的科技领域成长领导股获得了支撑，并继续上涨。其他板块也在继续上涨，但随着板块快速轮动变得更加普遍，它们开始纷纷回落。市场上的领导股是轮番表演的——本周是某个特定群体，下周则是另一个群体。尽管市场趋势是向上的，H/L/G在整个5月都保持正值，但要抓住那些正在启动并从基底形态中走出来的领导股变得越来越困难了。在上升趋势中发生的突破变得越来越难以持续。市场环境出现了与2020年截然不同的特征。在5月、6月和7月，*IBD*共8次调整市场状况。4次调整为"上升趋势承压"，4次调整为"上升趋势恢复"，最后一次调整是在7月23日。H/L/G指数在零散的9个交易日中出现了负值，但都没有继续朝着负面发展。H/L/G的正值或负值通常只持续了3到5天。这些关键数据证明了市场已经变得多么动荡，尤其是当你将其与2020年拥有的强劲上升趋势相比较时。由于整体市场继续走高并创下历史新高，机会仍然很多。只不过这些机会更多地存在于短线波段交易中。

　　春末，一些新的领导股开始启动或加速上涨，其中包括大陆资源公司（CLR）、德国生物新技术公司（BNTX）和迪克体育用品公司（DKS）。它们分别是能源领军企业、疫情相关的健康公司和领先的体育用品经销商。但随着夏季的到来，市场开始变得更加动荡，如图2-12所示。我之所以选择标准普尔500指数来标注*IBD*对2021年市况变化的判断，是因为就该年度的表现而言，标准普尔500指数是领先的指数。市场仍处于上升趋势，但随着行业轮动变得司空见惯，之前的领导股开始了调整，市场变得更具挑战性。

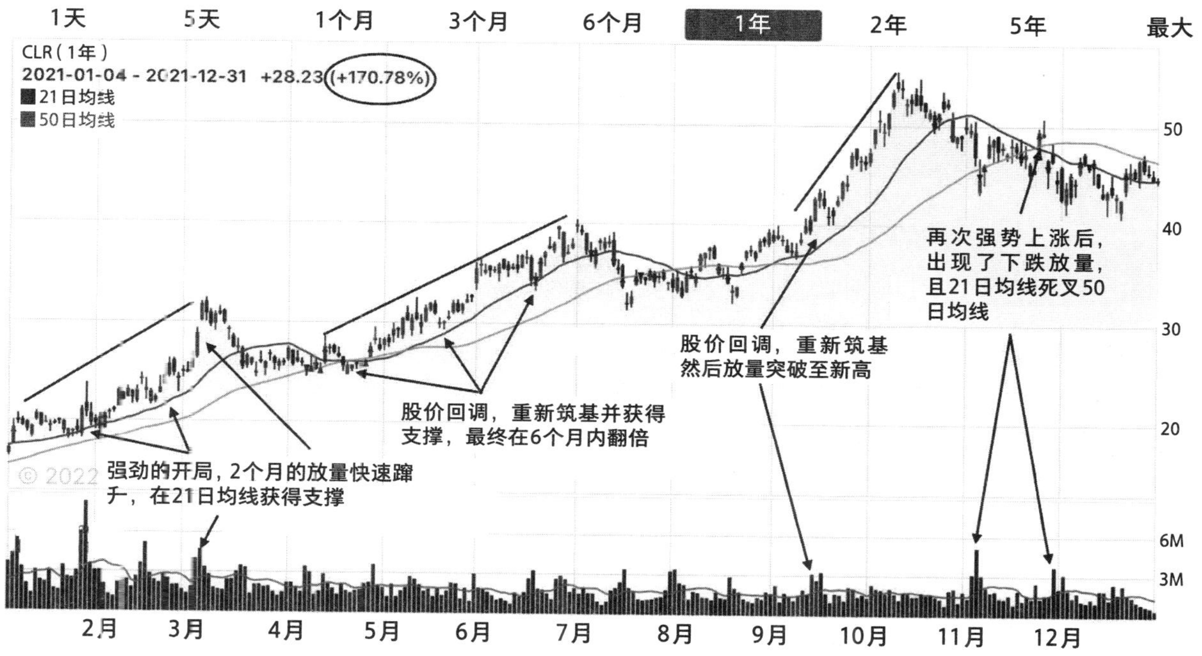

2021年

图2-9 大陆资源公司2021年日线图（来自股票大师软件）

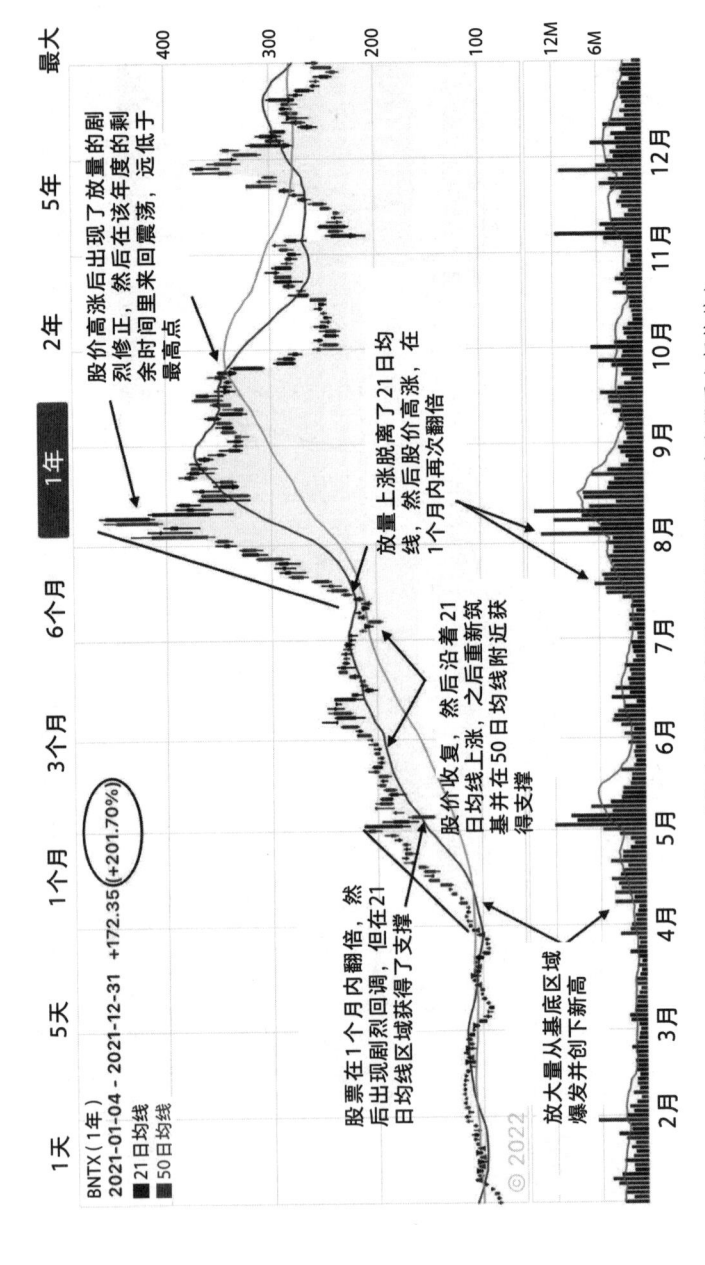

图2-10 德国生物新技术公司2021年日线图（来自股票大师软件）

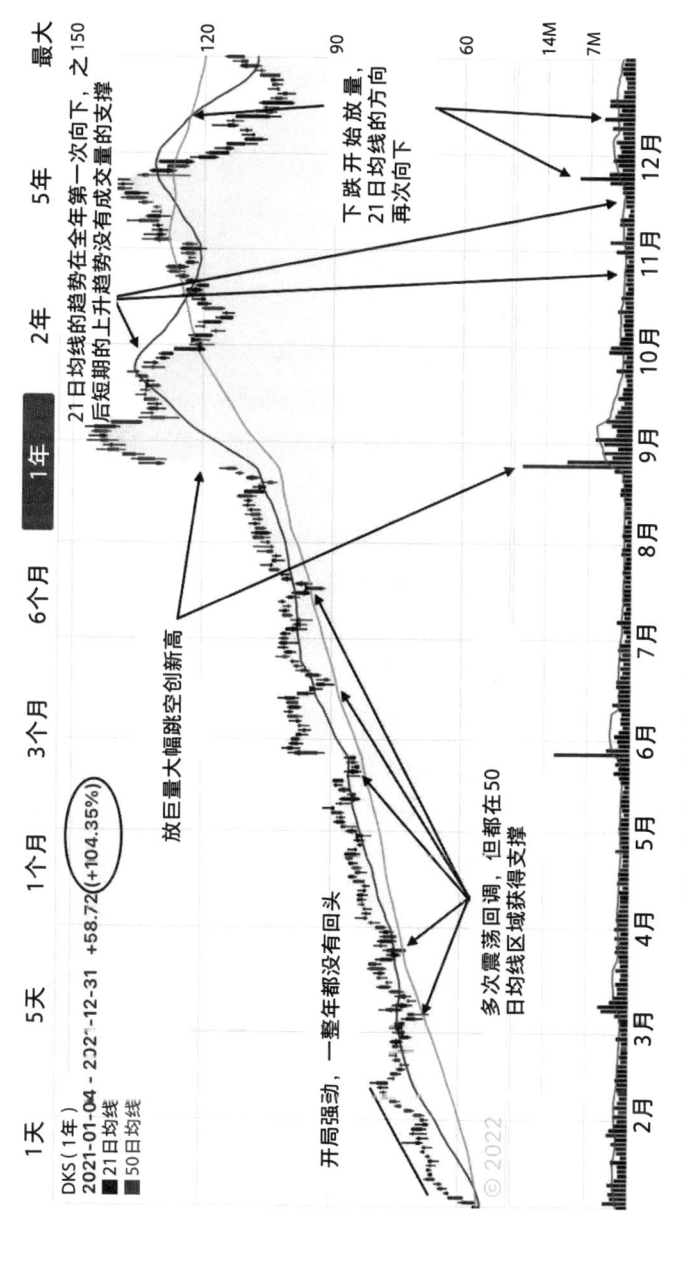

图2-11 迪克体育用品公司2021年日线图（来自股票大师软件）

第二章

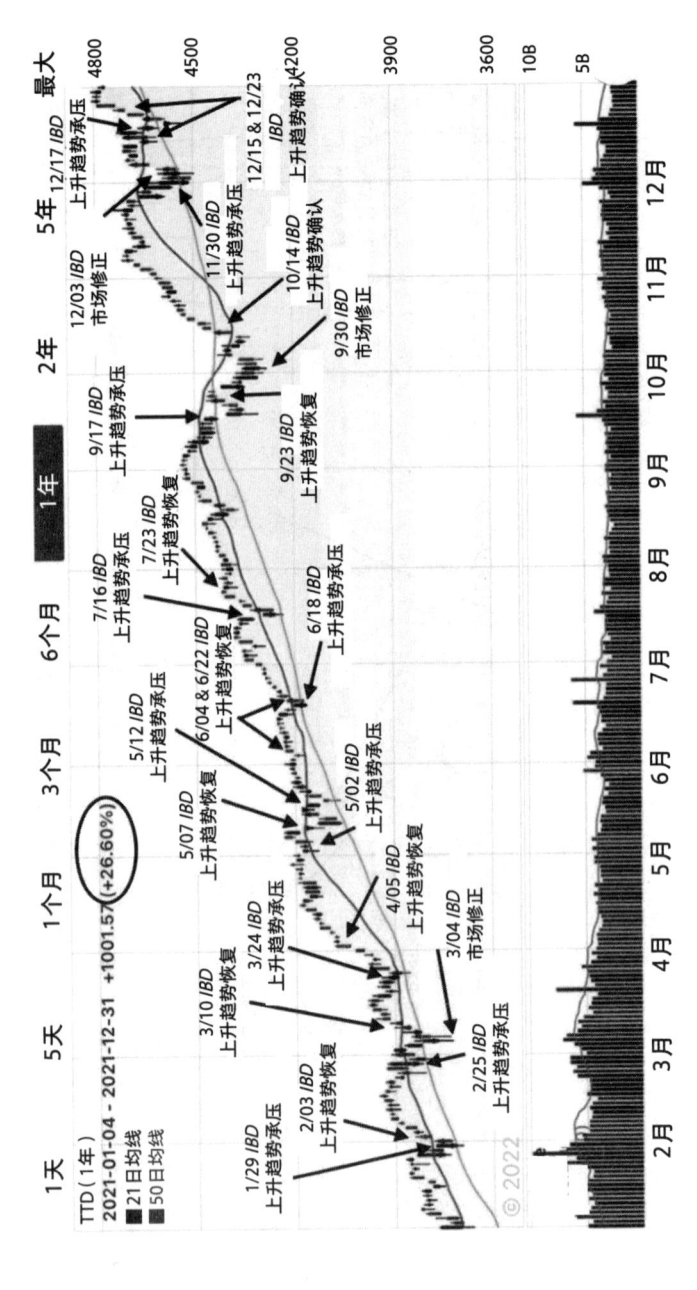

图2-12 标准普尔500指数2021年日线图（来自股票大师软件）

2021 年

9 云火炬公司（NET）　Grp 33　123.57 美元
2.424亿股　Comp.Rating 86　EPS 35　RS 97　ROE -5%
为防火墙、路由、流量优化、负载均衡和其他网络服务开发软件。
Avg. D. Vol 3 086 700 股　Debt 47%
Last Qtr EPS 0%　Prior Qtr 0%　Last Qtr Sales +53%
0 Qtrs EPS > 15%
Eps Due 11月5日

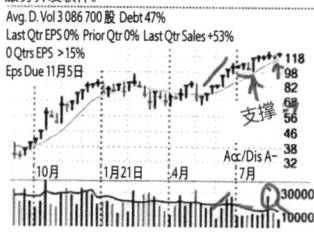

10 Upstart控股（UPST）　Grp 2　223.18 美元
3420万股　Comp.Rating 99　EPS 65　RS 99　ROE 9%
提供一个云的人工智能借贷平台，在消费者和贷款人之间共享，实现轻松信贷。
PE 228　Avg. D. Vol 5 041 900 股　Debt 0%
Last Qtr EPS +1340%　Prior Qtr +340%　Last Qtr Sales +1018%
2 Qtrs EPS > 15%
Eps Due 10月28日

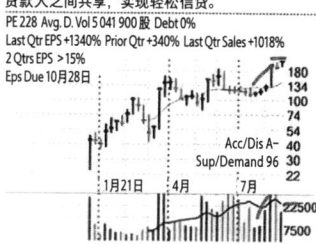

16 Zscaler公司（ZS）　Grp 14　273.73 美元
7670万股　Comp.Rating 98　EPS 46　RS 94　ROE 9%
运营庞大的全球云安全架构，覆盖整个网关安全栈。
Ann. EPS Gro +90%　PE 622　Avg. D. Vol 1 316 800 股　Debt 178%
Last Qtr EPS +114%　Prior Qtr 0%　Last Qtr Sales +60%
1 Qtrs EPS > 15%
Eps Due 9月9日

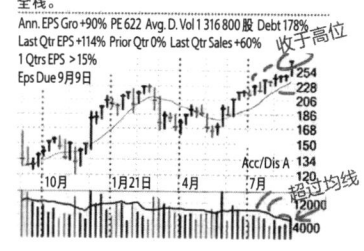

17 Crowdstrike控股（CRWD）　Grp 14　282.31 美元
1.953亿股　Comp.Rating 97　EPS 92　RS 94　ROE 8%
美国一家软件公司，开发安全解决方案。
PE 830　Avg. D. Vol 3 459 800 股　Debt 85%
Last Qtr EPS +400%　Prior Qtr +750%　Last Qtr Sales +70%
5 Qtrs EPS > 15%
Eps Due 8月31日

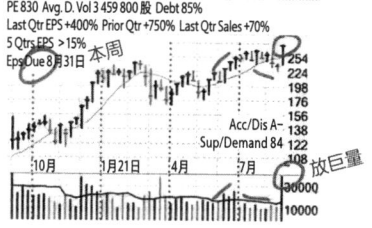

24 英伟达（NVDA）　Grp 16　226.36 美元
23.674亿股　Comp.Rating 99　EPS 97　RS 94　ROE 43%
设计用于个人电脑、工作站、游戏机和移动设备的图形处理单元。
Ann. EPS Gro +27%　PE 65　Avg. D. Vol 36 236 700 股　Debt 35%
Last Qtr EPS +89%　Prior Qtr 104%　Last Qtr Sales +68%
7 Qtrs EPS > 15%
Eps Due 11月18日

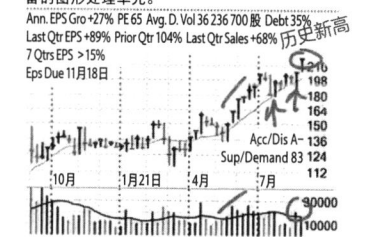

28 数据狗公司（DDOG）　Grp 33　134.84 美元
2.349亿股　Comp.Rating 91　EPS 45　RS 92　ROE 8%
为企业使用的云应用提供基于SaaS的监控平台。
PE 519　Avg. D. Vol 2 562 300 股　Debt 60%
Last Qtr EPS +80%　Prior Qtr 0%　Last Qtr Sales +67%
1 Qtrs EPS > 15%
Eps Due 11月10日

第二章

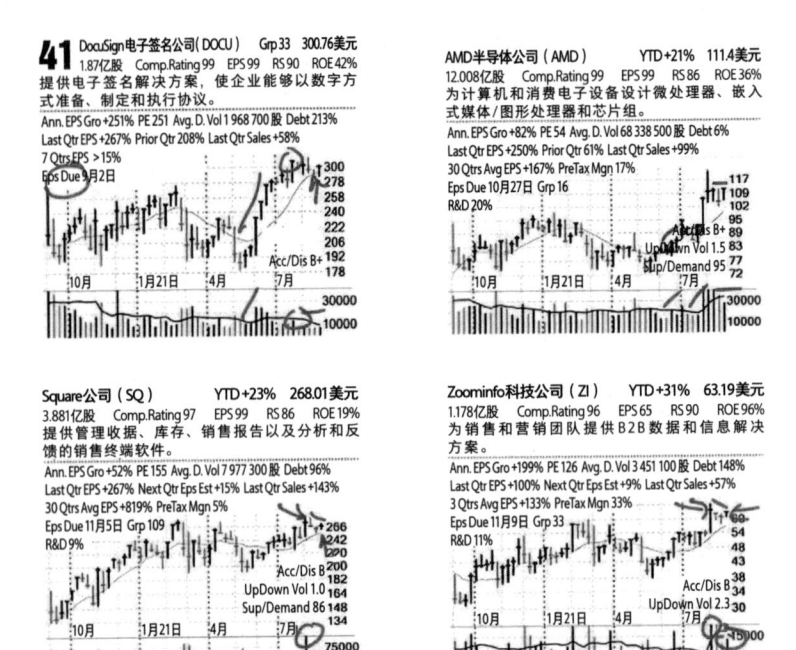

图2-13 每周图表观察列表。2021年8月27日（*IBD*）

    8月又是一个波动较大的月份，市场在月中之后出现逆转，恢复了上升趋势。H/L/G指数在大多数时候为正值，但在当月中旬，出现了连续5天的负值。当它再次转为正值时，市场恢复了上升趋势。此外，8月是一年当中第一个*IBD*没有调整整体市场状况的月份——保持在"上升趋势确认"。图2-13为8月27日的观察列表。你可能已经注意到，来自2020年的一些猛兽股仍然是领导股，在构筑了基底并巩固了之前的涨幅之后，重新获得了人们的关注。表现最好的几个是NET、ZS和DDOG。另一个是TSLA。一些新的领导股出现了，其中就包括图像处理概念板块的龙头英伟达（NVDA）。在一些领导股继续上涨时，另一些已经开始下跌。来自2020年的几只猛兽股CRWD、PYPL和TWLO开始出现卖出信号，股价变得更加动荡和起伏不定。其中一些在果断破位下跌之前出现过剧烈震荡。

其他几只领导股在仲夏到夏末期间开始启动。阿莎娜公司（ASAN）、莫德纳公司（MRNA）、Upstart控股（UPST）和盈美特有限公司（INMD）加入了领导股行列。它们分别是一家软件技术公司、一家新冠肺炎康复公司、一家人工智能借贷公司和一家以色列化妆品保健公司，均取得了显著的上涨。ASAN在6月初开始启动。曾被列入图2-13观察列表的UPST，在整个夏季建立了一个非常紧密的、平坦的基底，然后在8月初开始了一个大幅的高潮冲刺。MRNA在许多方面与BNTX非常相似，两家公司都开发疫苗以对抗新冠肺炎。MRNA在6月初爆发，像换了一只股一样，连续上涨将近两个月，完成了一次高潮冲刺。高潮冲刺是强势卖出的好机会。历史上最优秀的交易者都能控制住他们的兴奋情绪，并将快速的高潮冲刺作为卖出信号。许多业余交易者在扩张的高潮冲刺中买入，这给了老练的交易者强势卖出的机会。

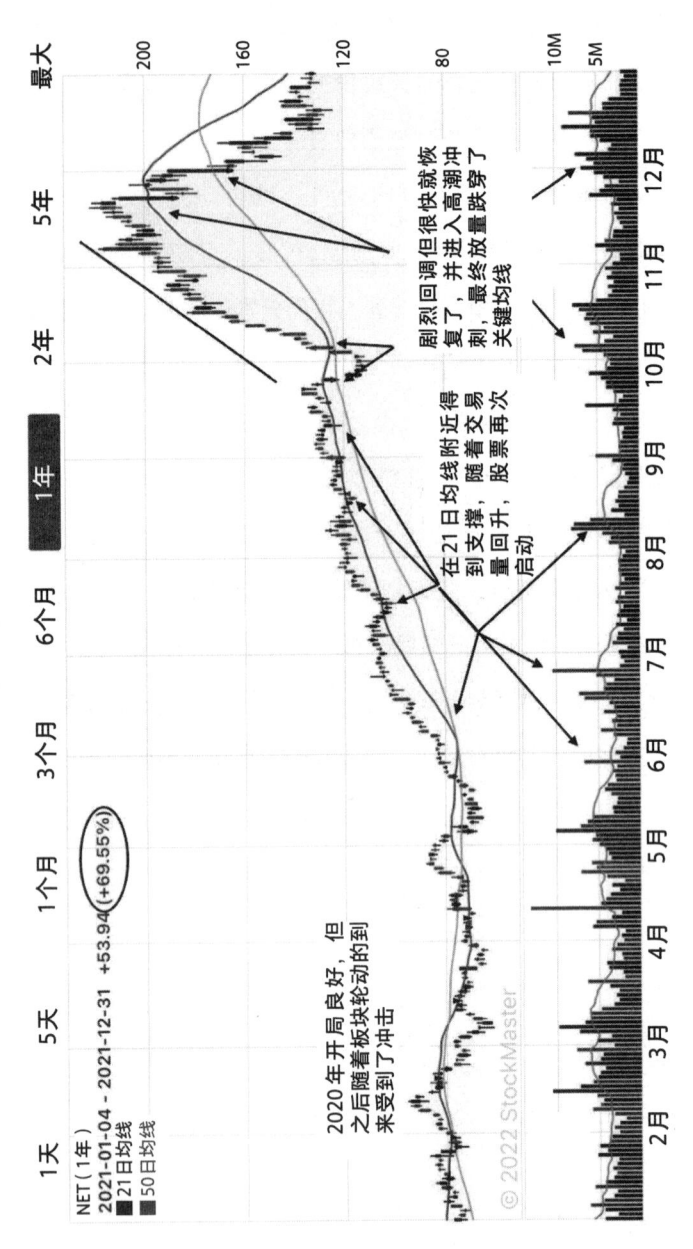

图2-14 云火炬公司2021年日线图（来自股票大师软件）

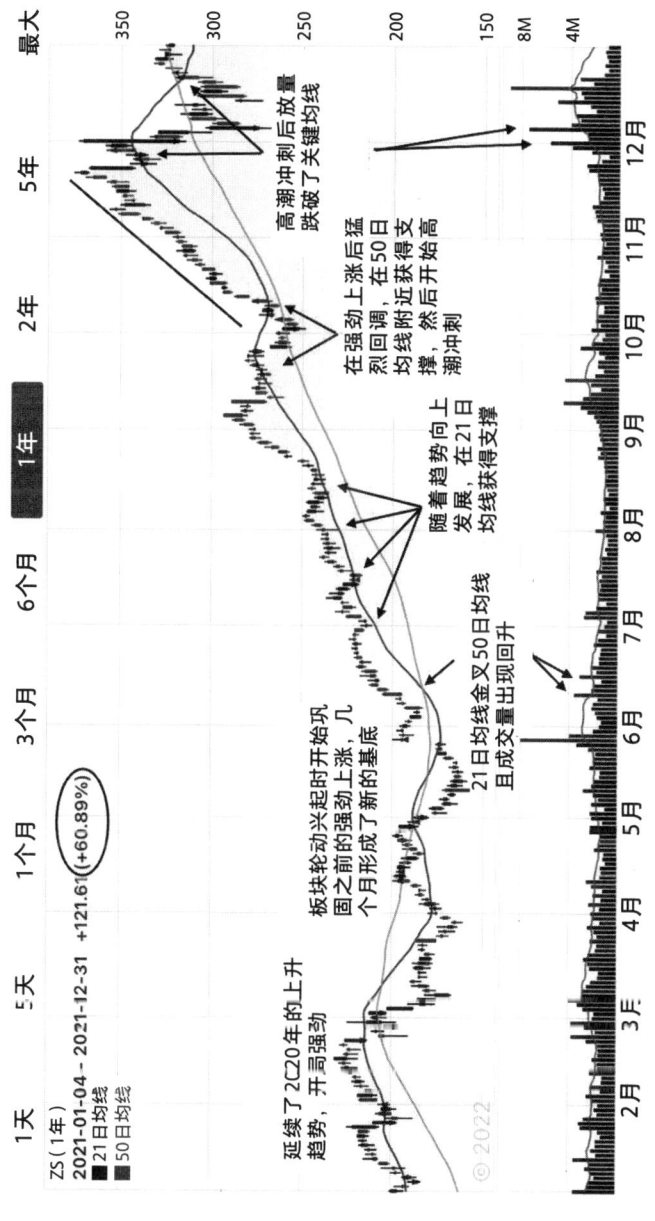

图2-15 Zscaler公司2021年日线图（来自股票大师软件）

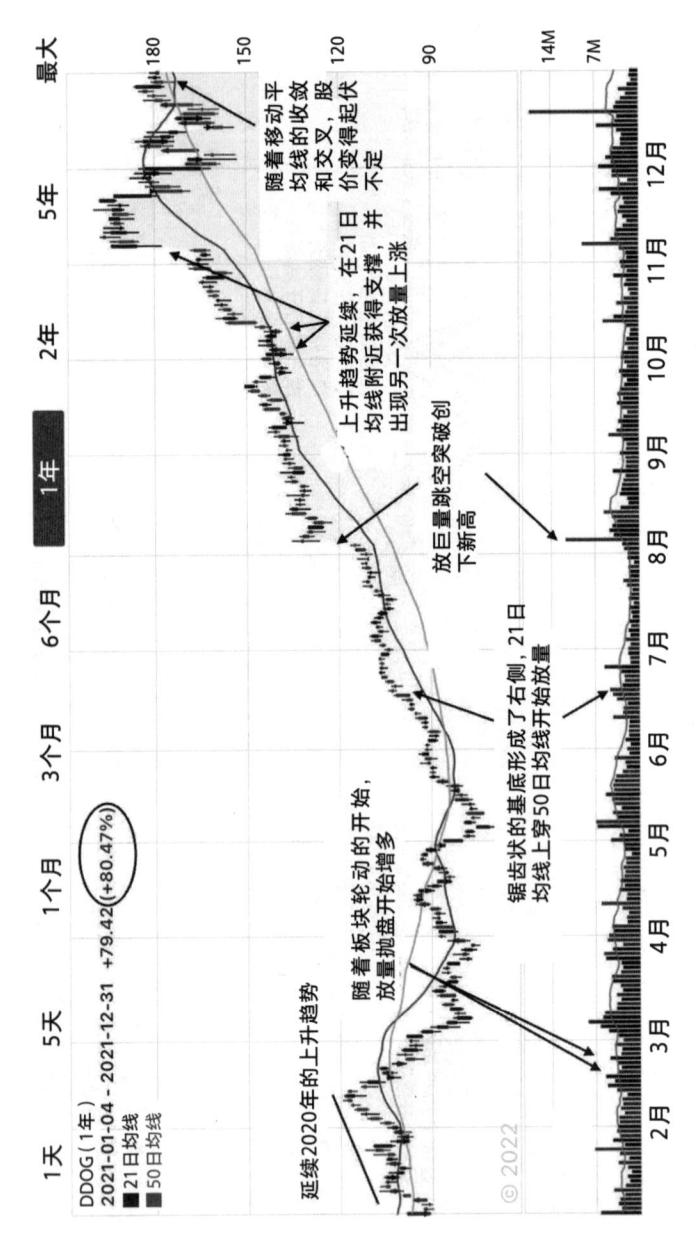

图2-16 数据狗公司2021年日线图（来自股票大师软件）

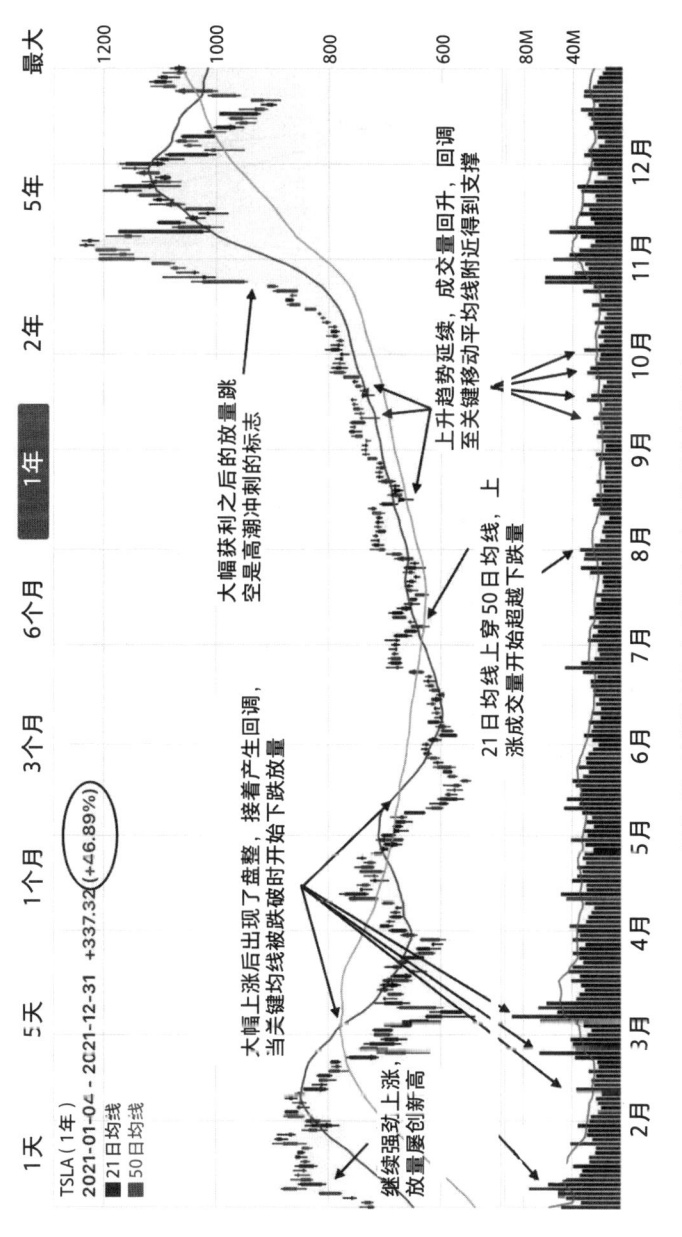

图2-17 特斯拉2021年日线图（来自股票大师软件）

第二章

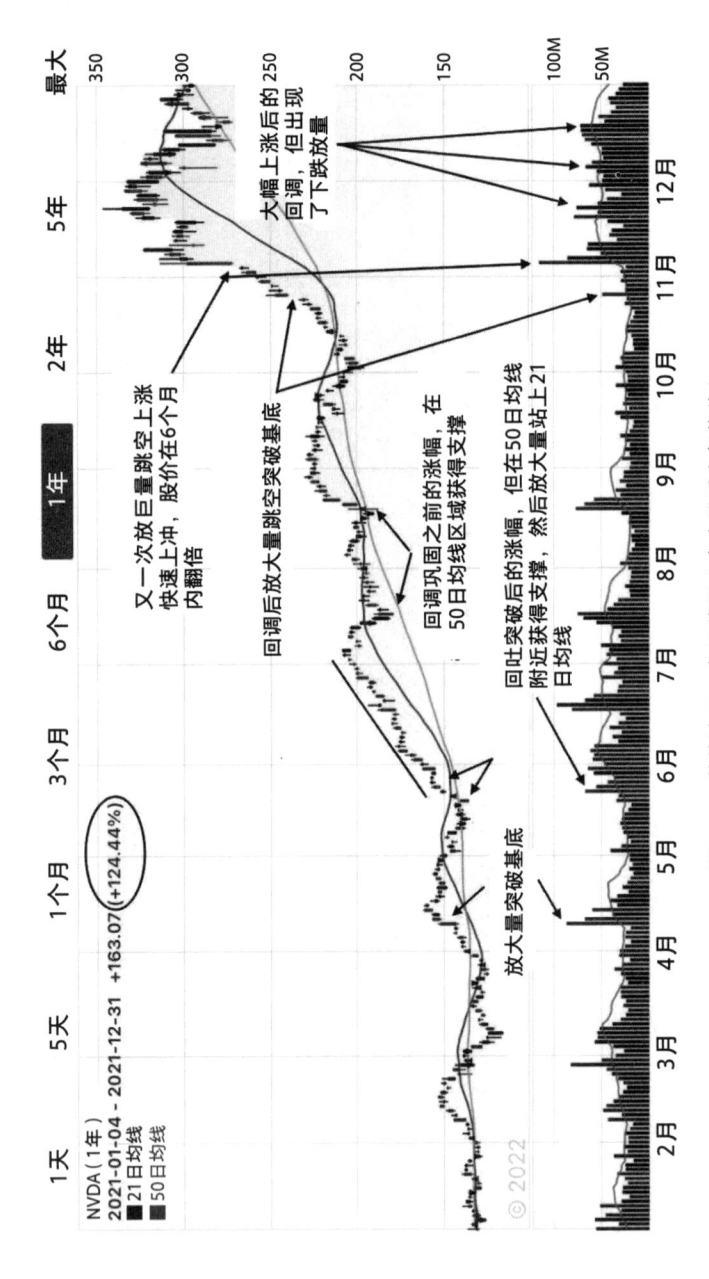

图2-18 英伟达2021年日线图（来自股票大师软件）

110

图2-19 Crowdstrike控股2021年日线图（来自股票大师软件）

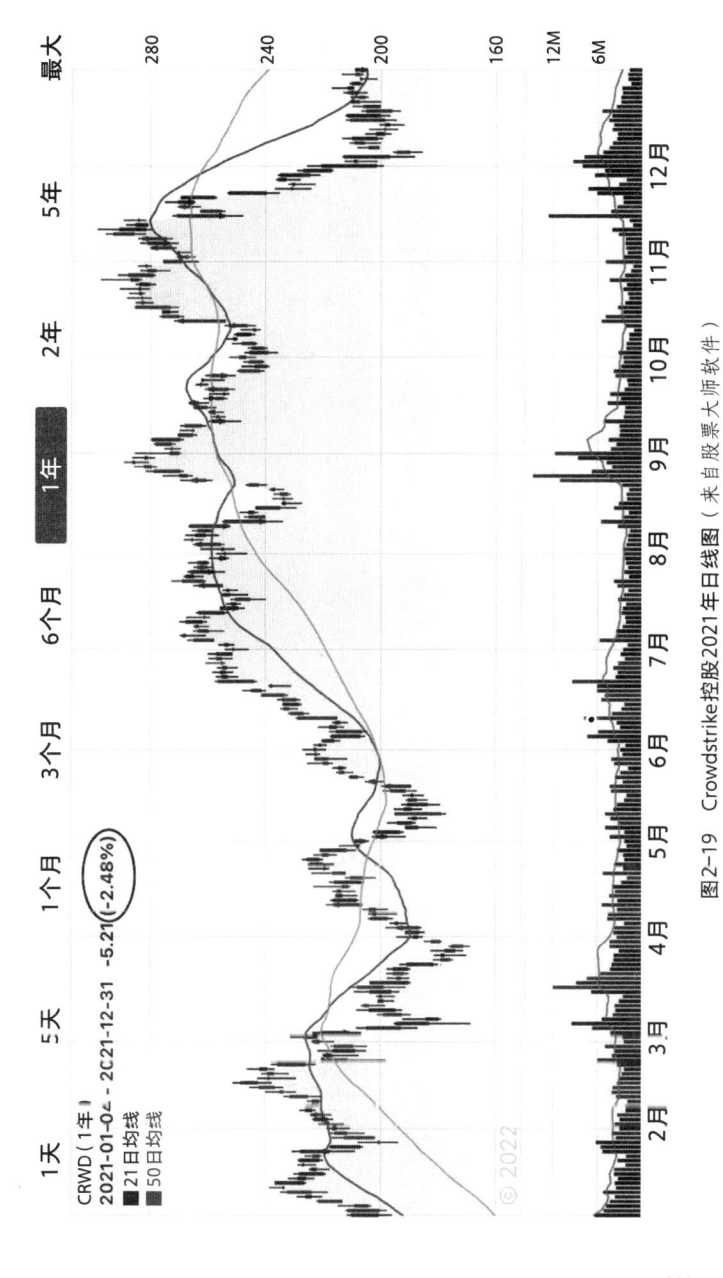

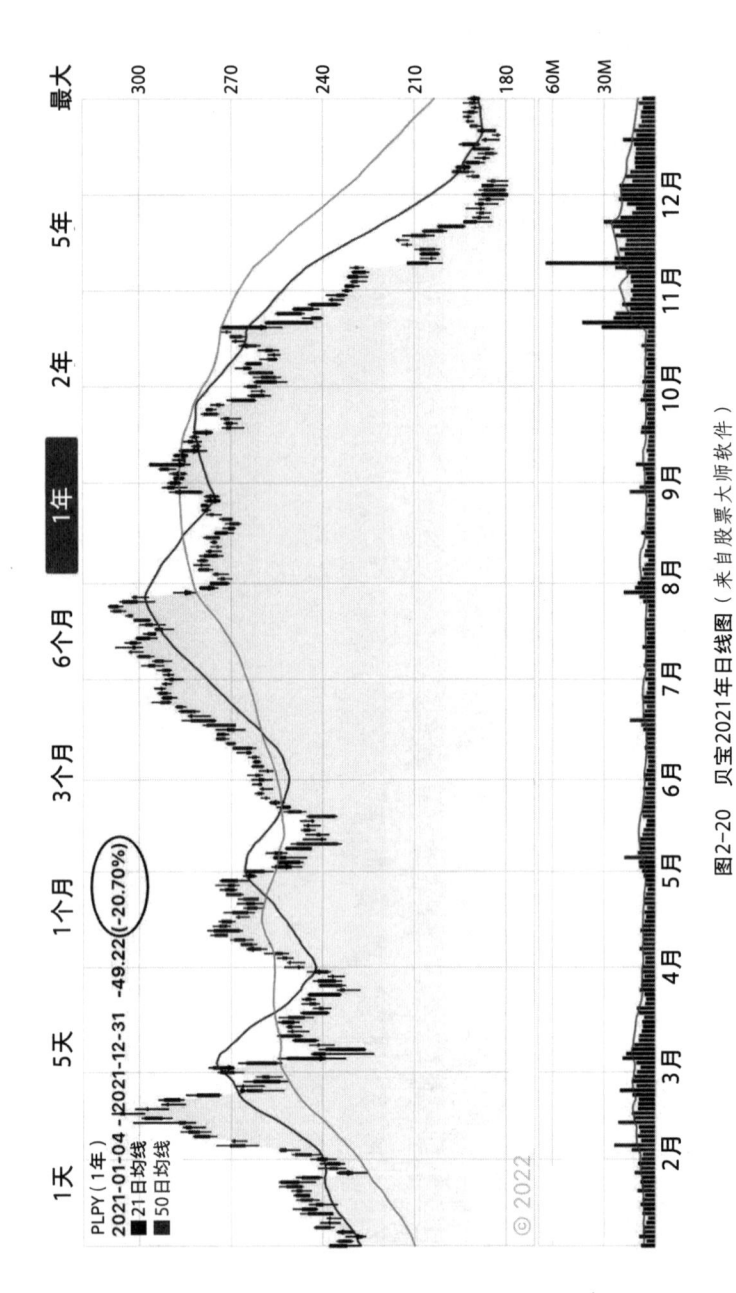

第二章

图2-20 贝宝2021年日线图（来自股票大师软件）

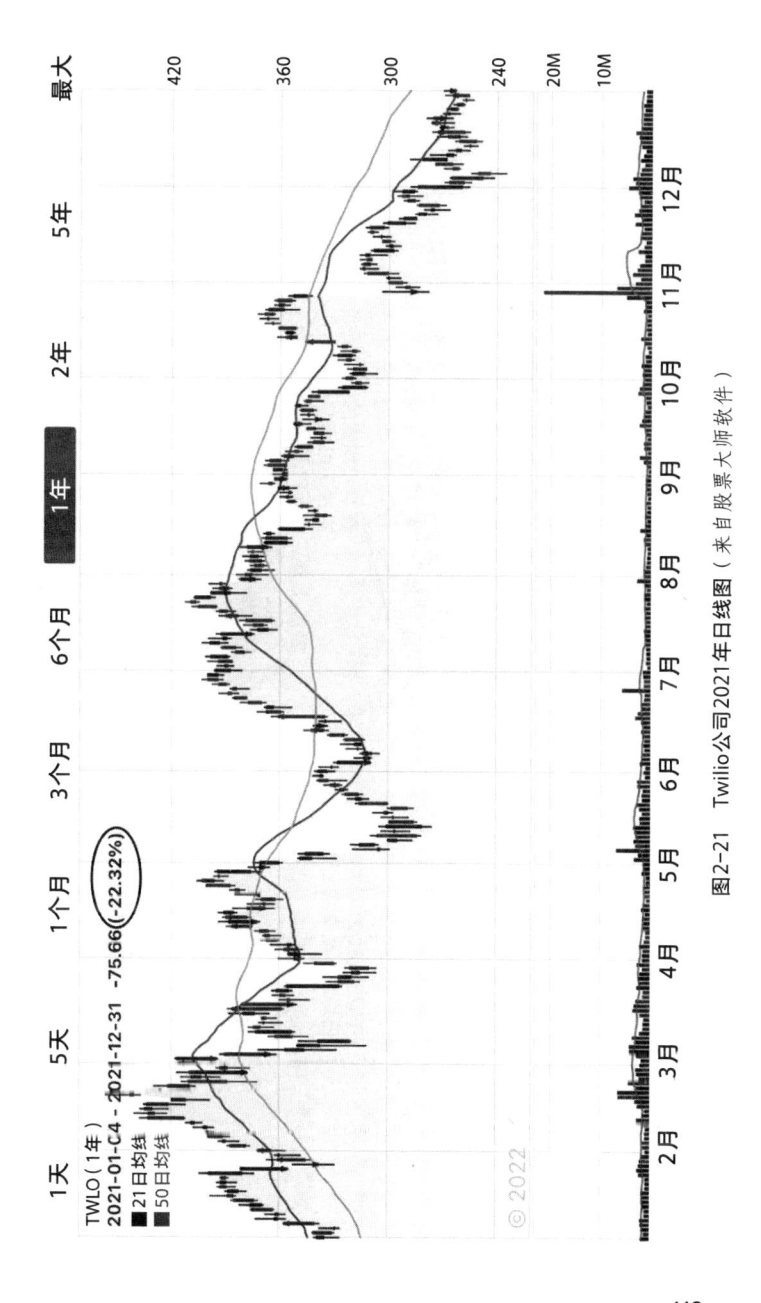

图2-21 Twilio公司2021年日线图(来自股票大师软件)

第二章

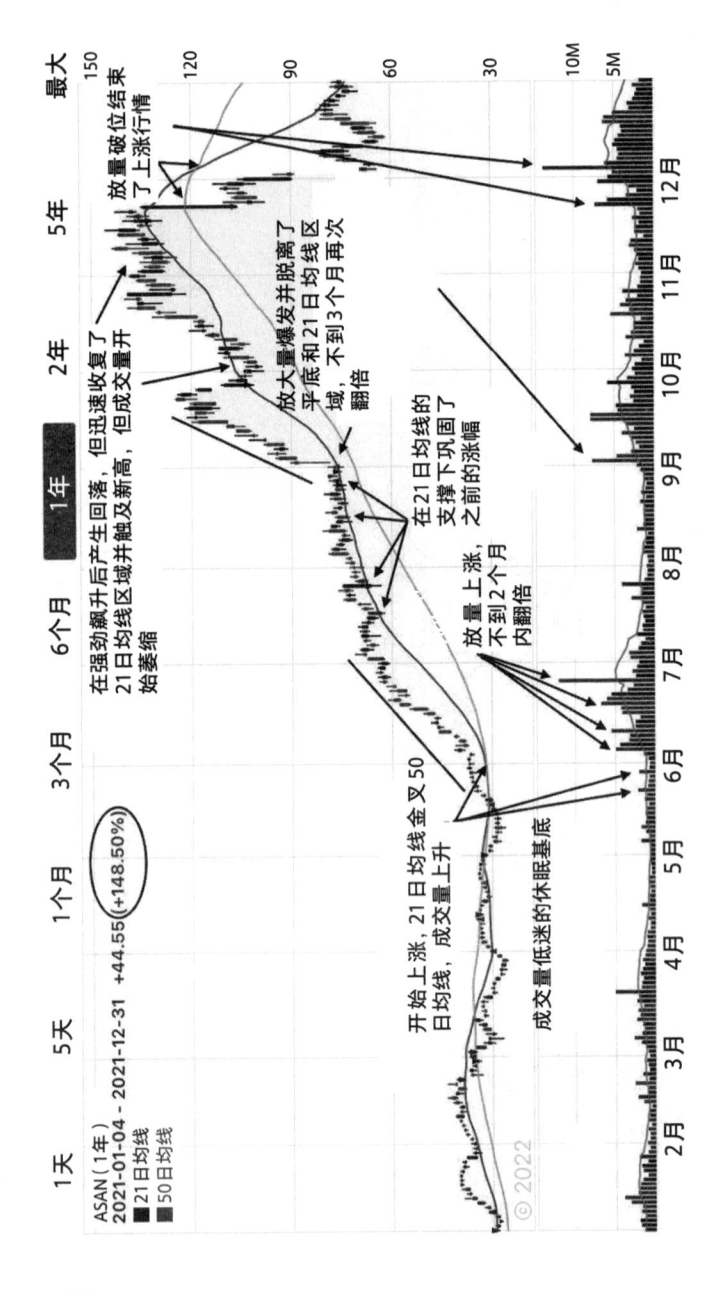

图2-22　阿莎娜公司2021年日线图（来自股票大师软件）

图 2-23 莫德纳公司 2021 年日线图（来自股票大师软件）

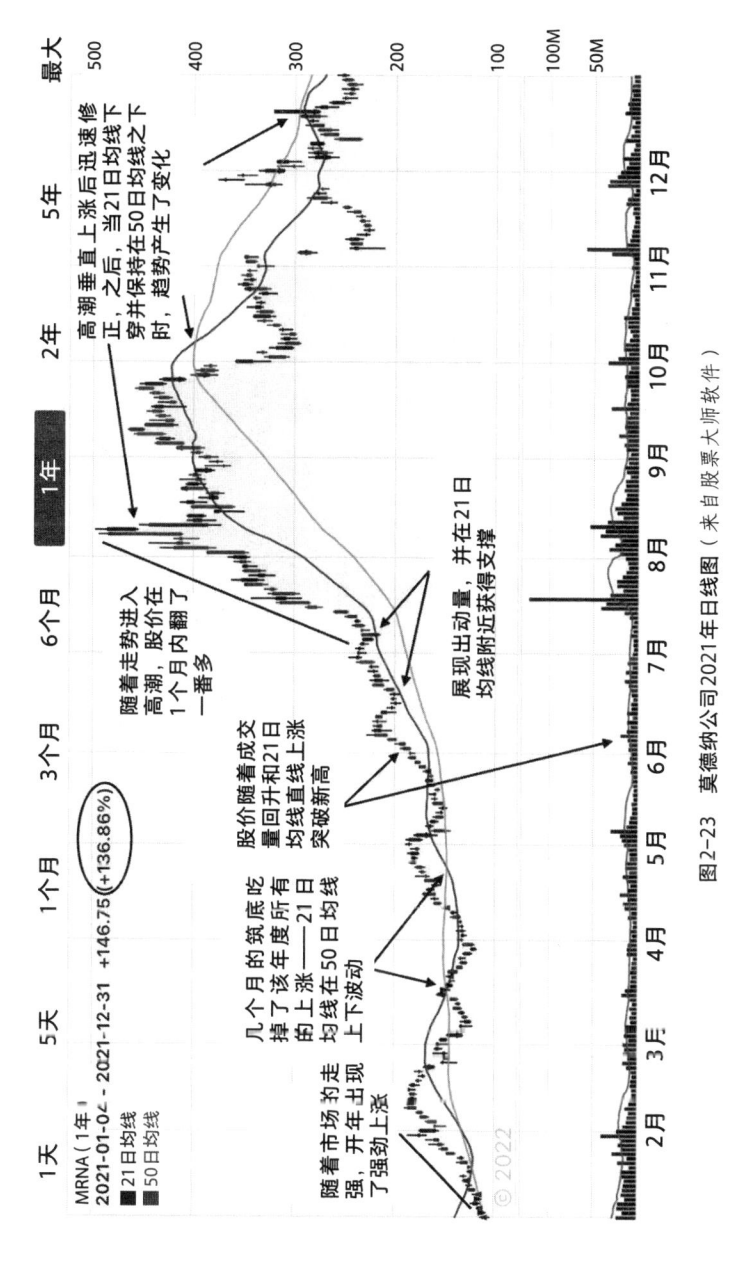

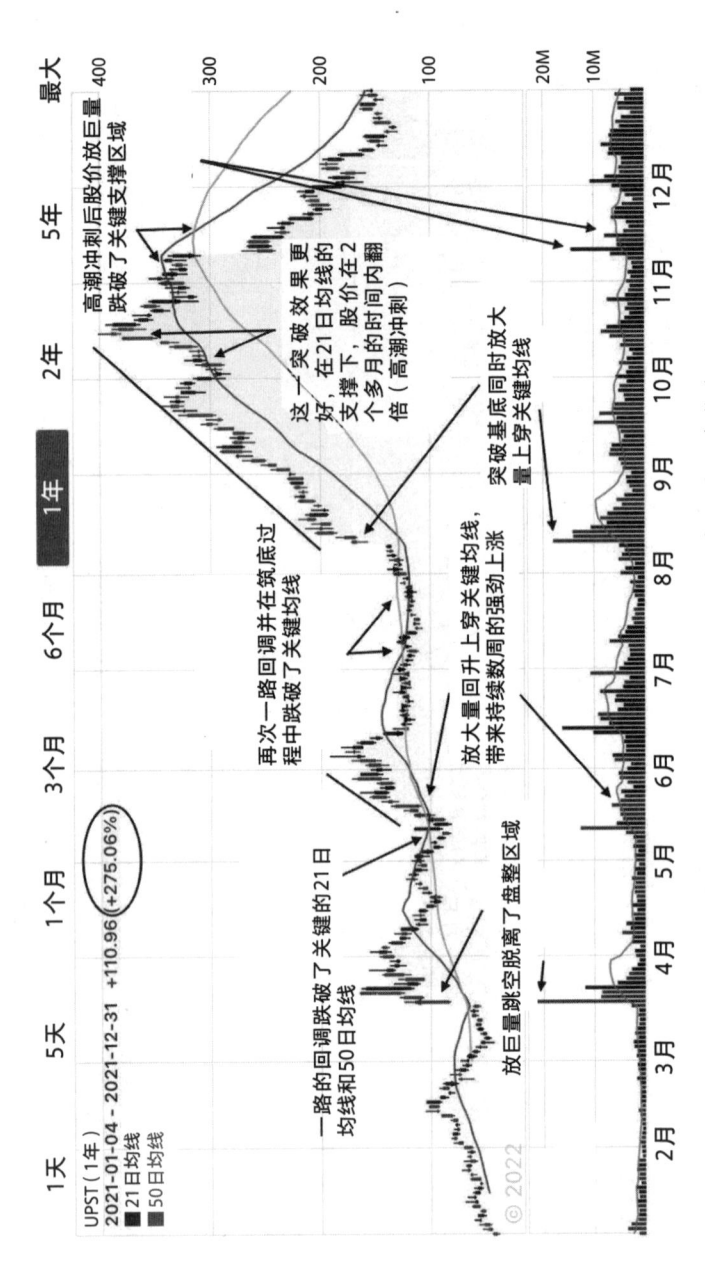

图2-24 Upstart控股2021年日线图（来自股票大师软件）

2021年

图2-25 盈美特有限公司2021年日线图（来自股票大师软件）

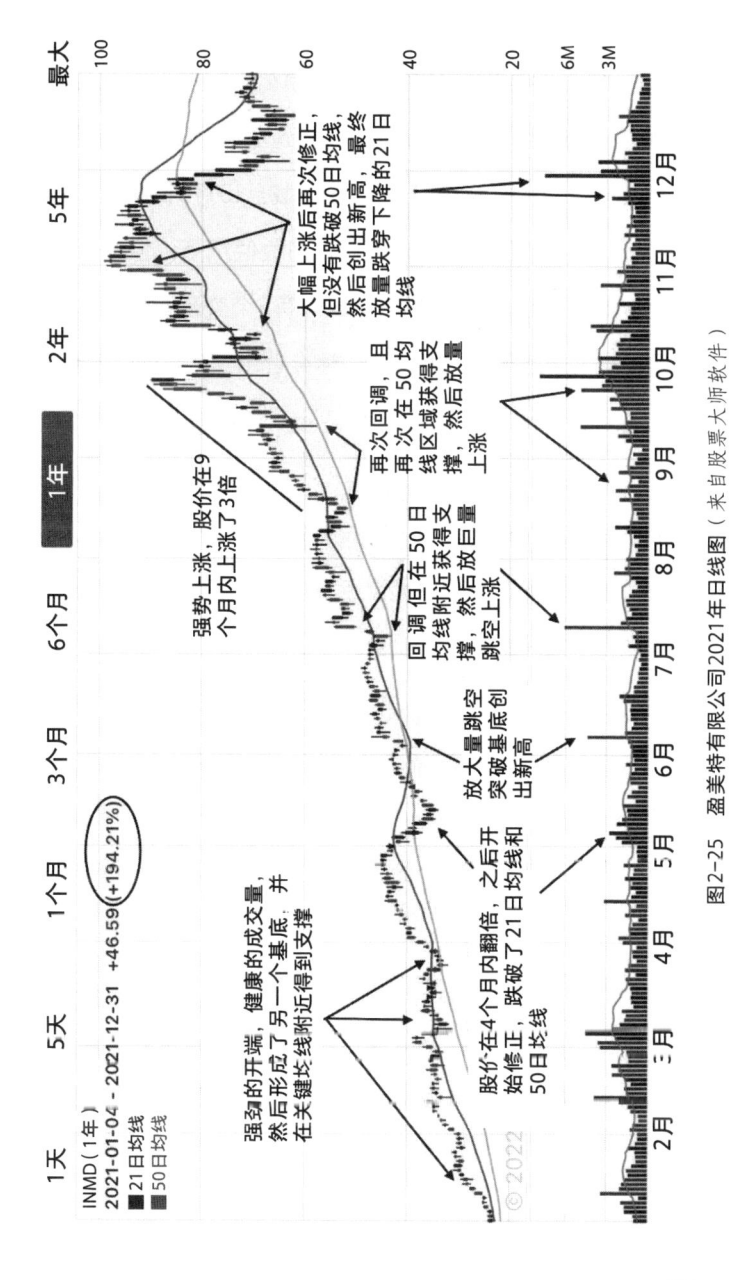

第二章

秋季的几个月里,市场波动更为剧烈。9月的市场趋势是向下的,在此期间,*IBD* 4次调整了市场状况。第4次是在9月的最后一天,*IBD*将市场状况调整为"市场修正"。截止到那天,H/L/G已经连续3天为负值了。10月初的情况也好不到哪去,截至10月6日,H/L/G指数已连续7天为负值,创下了当年时间最长的负值纪录。但到了10月14日,市场开始走高,H/L/G在6个交易日中有5个交易日为正值,*IBD*将市场状况升级为"上升趋势确认"。标准普尔500指数和道琼斯工业指数均收复了50日移动平均线。第二天,纳斯达克指数也收复了。最重要的是,领导股开始放量上涨。RS(相对强度)和基本面强劲(无论是在过去、现在还是将来)的股票列表也在扩大。图2-26为10月15日的观察列表。列表中包括量价走势强劲的领导股,以及正在构筑基底或在关键领域得到支撑的股票。

随着市场上升趋势的延续,几只领导股开始起飞,强劲的走势一直持续到年底。其中包括建筑者第一资源公司(BLDR)、安森美半导体公司(ON)和阿里斯塔网络公司(ANET)。它们分别是一家房地产公司、一家半导体公司和一家基于云计算的网络技术公司。这3只股票在11月初都出现了放量的跳空缺口,这是一个买入信号。从11月初的缺口到12月底,它们都经历了2个月的强劲上涨,这是它们当年获利最丰厚的部分。这表明,在一年中只要能抓住猛兽股的一部分,就能有效提高当年的业绩和回报。这3只股票都处于上升趋势,并在年末出现跳空缺口之前就已经被证明是领导股。

2021 年

1 盈美特有限公司（INMD） Grp 36　83.37美元
4980万股　Comp.Rating 99　EPS 99　RS 99　ROE 41%
以色列商家，生产用于女性健康相关的微创和非侵入性美容手术的射频设备。
Ann. EPS Gro +67% PE 51 Avg. D. Vol 2 126 700股 Debt 0%
Last Qtr EPS +325% Prior Qtr +133% Last Qtr Sales +184%
4 Qtrs EPS >15%
Eps Due 10月26日

3 阿莎娜公司（ASAN） Grp 22　116.1美元
7710万股　Comp.Rating 72　EPS 12　RS 99　ROE 0%
开发旨在分配任务和跟踪项目进度的工作管理平台。
Avg. D. Vol 2 618 200股
Last Qtr EPS 0% Prior Qtr 0% Last Qtr Sales +72%
0 Qtrs EPS >15%
Eps Due 12月9日

5 Affirm公司（AFRM） Grp 74　146.73美元
9060万股　Comp.Rating 75　EPS 10　RS 98　ROE −23%
为数字和移动优先的商务活动提供信息技术解决方案。
Avg. D. Vol 13 980 100股 Debt 187%
Last Qtr EPS 0% Prior Qtr 0% Last Qtr Sales +71%
0 Qtrs EPS >15%
Eps Due 10月28日

8 云火炬公司（NET） Grp 22　167.69美元
2.424亿股　Comp.Rating 89　EPS 35　RS 98　ROE −5%
为防火墙、路由、流量优化、负载均衡和其他网络服务开发软件。
Avg. D. Vol 3 595 400股 Debt 47%
Last Qtr EPS 0% Prior Qtr 0% Last Qtr Sales +53%
0 Qtrs EPS >15%
Eps Due 11月4日

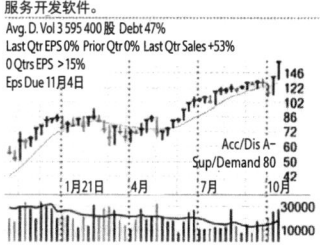

10 Upstart控股（UPST） Grp 3　390美元
3420万股　Comp.Rating 99　EPS 66　RS 99　ROE 9%
提供一个基于云的人工智能借贷平台，在消费者和贷款人之间共享，实现轻松信贷。
PE 398 Avg. D. Vol 5 709 400股 Debt 0%
Last Qtr EPS 1340% Prior Qtr 340% Last Qtr Sales +1018%
2 Qtrs EPS >15%
Eps Due 11月9日

14 数据狗公司（DDOG） Grp 22　154.48美元
2.349亿股　Comp.Rating 92　EPS 44　RS 94　ROE 8%
为企业使用的云应用提供基于SaaS的监控平台。
PE 594 Avg. D. Vol 2 815 900股 Debt 60%
Last Qtr EPS 80% Prior Qtr 0% Last Qtr Sales +67%
1 Qtrs EPS >15%
Eps Due 11月4日

第二章

15 数字涡轮机公司（APPS） Grp 22 84.68美元
9030万股 Comp.Rating 98 EPS 68 RS 94 ROE 64%
开发移动软件，以实现移动内容分发和交易。
Ann. EPS Gro +232% PE 89 Avg. D. Vol 4 199 600股 Debt 0%
Last Qtr EPS 162% Prior Qtr +400% Last Qtr Sales +260%
12 Qtrs EPS >15%
Eps Due 10月29日

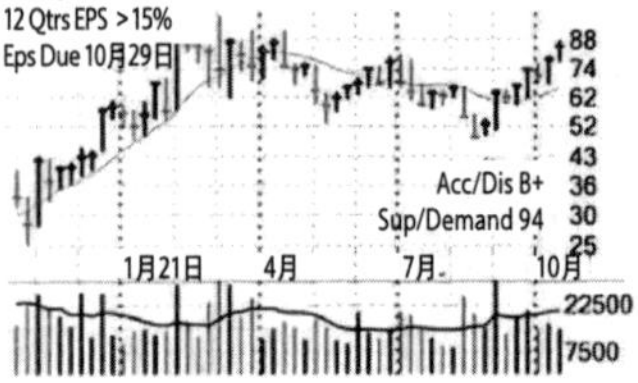

20 Zscaler公司（ZS） Grp 12 292.7美元
7770万股 Comp.Rating 94 EPS 65 RS 93 ROE 15%
运营庞大的全球云安全架构，覆盖整个网关安全栈。
Ann. EPS Gro +93% PE 552 Avg. D. Vol 1 721 200股 Debt 173%
Last Qtr EPS 75% Prior Qtr +114% Last Qtr Sales +57%
2 Qtrs EPS >15%
Eps Due 12月2日

25 Diamondback能源（FANG） Grp 2 108.28美元
1.792亿股 Comp.Rating 99 EPS 93 RS 97 ROE 4%
从事二叠纪非常规、陆上油气勘探和生产。
Ann. EPS Gro −13% PE 18 Avg. D. Vol 2 583 900股 Debt 64%
Last Qtr EPS 1500% Prior Qtr +59% Last Qtr Sales +296%
2 Qtrs EPS >15%
Eps Due 11月1日

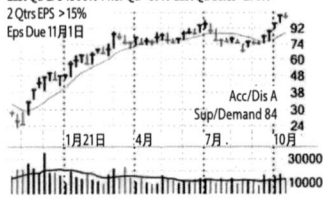

29 Applovin公司（APP） Grp 11 91.84美元
1.46亿股 Comp.Rating 83 EPS 37 RS 93 ROE 0%
通过帮助应用开发者营销、盈利、分析和发布应用来建设移动应用生态系统。
Avg. D. Vol 1 396 400股
Last Qtr EPS +167% Prior Qtr 0% Last Qtr Sales +123%
1 Qtrs EPS >15%
Eps Due 10月28日

43 Upwork公司（UPWK） Grp 28 59.21美元
1.149亿股 Comp.Rating 95 EPS 66 RS 95 ROE 2%
运营一个在线平台，连接180多个国家的企业、自由职业者和客户。
Avg. D. Vol 1 414 800股
Last Qtr EPS +200% Prior Qtr +200% Last Qtr Sales +42%
4 Qtrs EPS >15%
Eps Due 10月27日

6 依欧格资源公司（EOG） Grp 2 89.62美元
5.78亿股 Comp.Rating 99 EPS 92 RS 94 ROE 4%
在美国、加拿大、特立尼达岛、英国和中国从事原油和天然气的生产/销售。
Ann. EPS Gro − 22% PE 20 Avg. D. Vol 4 752 400股 Debt 25%
Last Qtr EPS +852% Prior Qtr +195% Last Qtr Sales +275%
2 Qtrs EPS >15%
Eps Due 11月4日

9 美国美盛公司（MOS） Grp 35　41.47美元
3.761亿股　Comp.Rating 99　EPS 71　RS 94　ROE 3%
生产磷肥、饲料磷肥和钾肥，销往世界各地。
PE 16 Avg.D.Vol 3 852 400股 Debt 43%
Last Qtr EPS +964% Prior Qtr +1050% Last Qtr Sales +37%
4 Qtrs EPS >15%
Eps Due 11月1日
Acc/Dis B+
PreTax Mgn 77

11 美国奈飞公司（NFLX） Grp 52　628.29美元
4.293亿股　Comp.Rating 98　EPS 99　RS 78　ROE 29%
为超过1.67亿人提供观看电视节目和电影的互联网订阅服务。
Ann.EPS Gro +63% PE 65 Avg.D.Vol 3 449 500股 Debt 143%
Last Qtr EPS +87% Prior Qtr +139% Last Qtr Sales +19%
2 Qtrs EPS >15%
Eps Due 10月19日
Acc/Dis A-

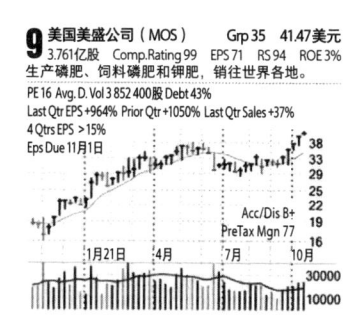

18 特斯拉（TSLA） Grp 54　843.03美元
7.425亿股　Comp.Rating 98　EPS 72　RS 88　ROE 17%
制造高性能全电动汽车和先进的电动汽车动力系统部件。
PE 214 Avg.D.Vol 17 676 100股 Debt 43%
Last Qtr EPS +230% Prior Qtr +304% Last Qtr Sales +98%
6 Qtrs EPS >15%
Eps Due 10月20日
Acc/Dis A-
Sup/Demand 87

图2-26　每周图表观察列表，2021年10月15日（来自 *IBD*）

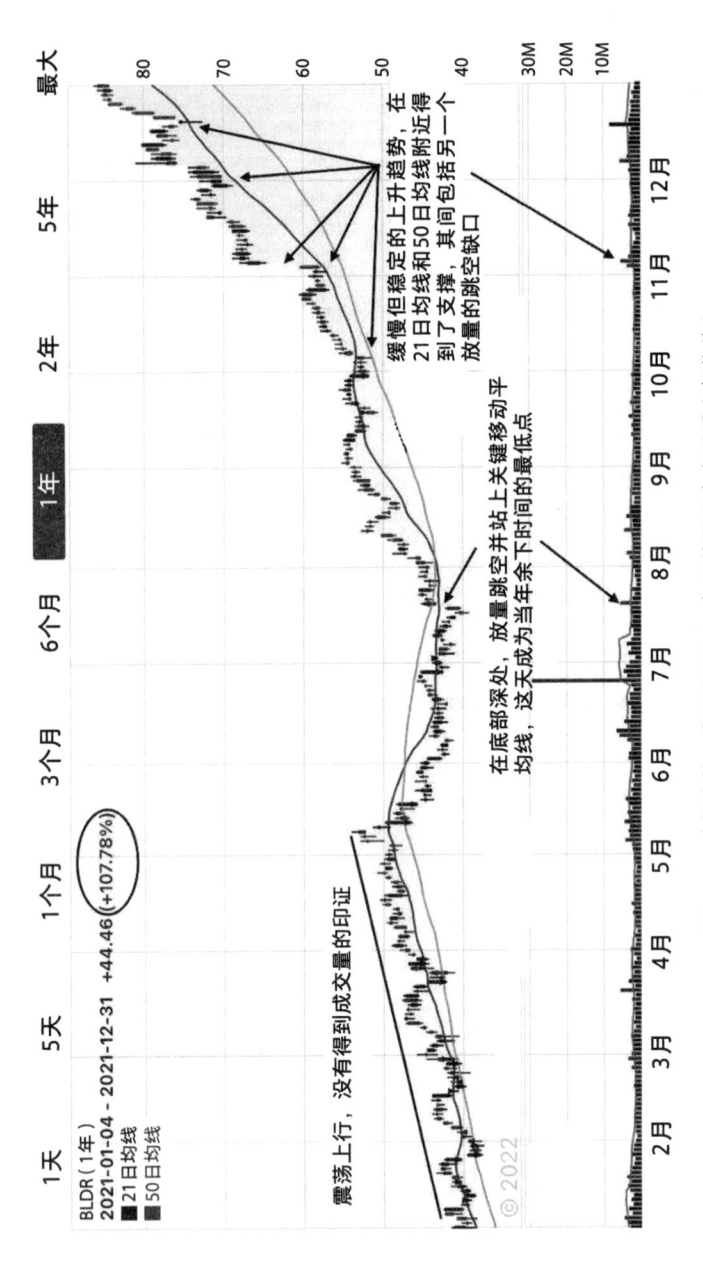

图2-27 建筑者第一资源公司2021年日线图（来自股票大师软件）

图2-28 安森美半导体公司2021年日线图（来自股票大师软件）

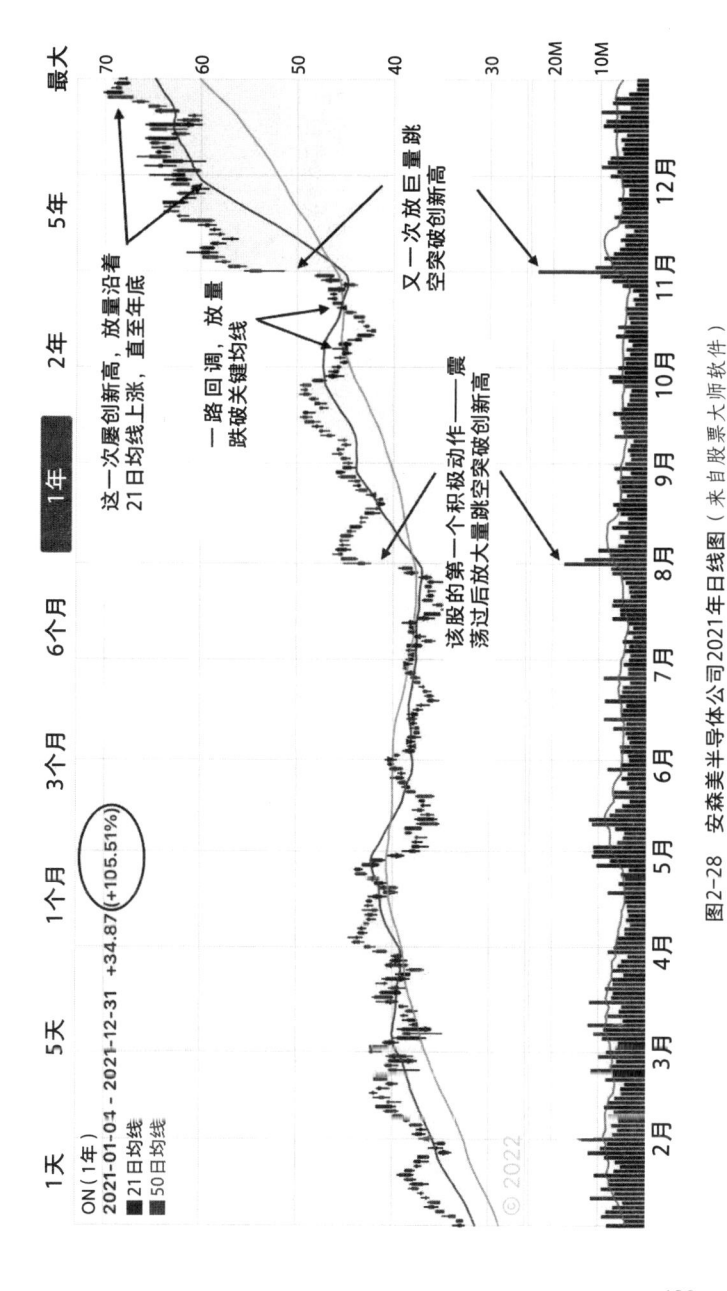

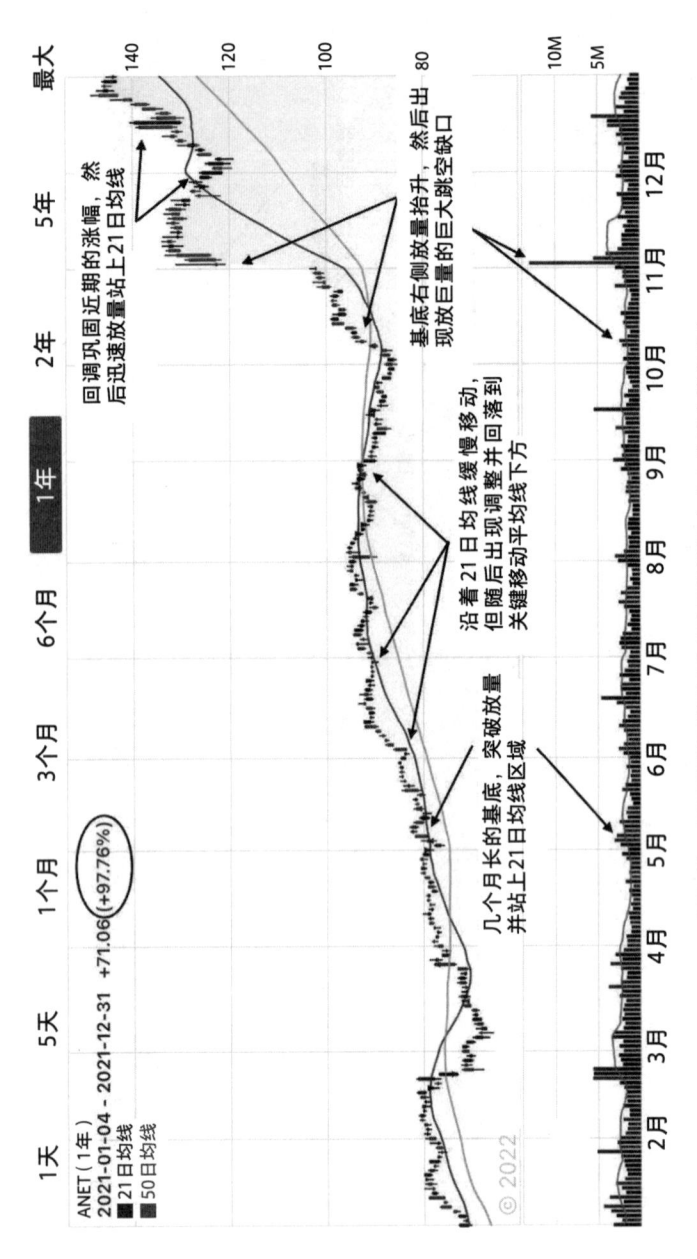

图2-29 阿里斯塔网络公司2021年日线图（来自股票大师软件）

在10月趋势变化的基础上，市场出现了6周的强劲反弹。这一上升趋势基本上没有中断，H/L/G连续25个交易日为正值。但到了11月中旬，市场开始出现抛盘行为，重新回到了起伏不定的状态。11月17日，H/L/G变成负值，并且主导了当年剩余的日子。11月30日，*IBD*将市场状况下调为"上升趋势承压"，而H/L/G已经连续9个交易日为负值，领导股已经被连续抛售了一两周。之后，一些突破开始奏效，市场经历了连续6周的良好走势。到了12月，市场又回到了当年起伏不定的常态。12月3日，*IBD*将市场状况调整为"市场修正"。在10月中旬的反弹中，许多领导股遭到了抛售，行业轮动正在恢复，但可供选择的股票非常有限（上文提到的3只股票是少数几只逆抛盘趋势的股票）。12月15日，*IBD*将市况评级恢复到"上升趋势确认"，两天后又变成了"上升趋势承压"。但是H/L/G一直是负值。12月23日，该指数变为正值，同一天，*IBD*将市况上调至"上升趋势恢复"。这是*IBD*在12月第4次改变市况评级。随后，市场在最后一周以大幅上涨结束了这一年。

标准普尔500指数是领涨的指数，2021年涨幅为26.6%。纳斯达克指数涨幅为20.7%，道琼斯工业指数最终上涨了18.7%。这一章展示了16只猛兽股，它们都在2021年涨了一倍多（除了ANET涨幅为98%）。其中只有3只上涨了2倍或更多。这些数据与第　章展示的2020年的股票数据相比要逊色得多。尽管主要股指涨得都不错，而且彼此之间的差距不大，但猛兽股的数量却少得多。在经历了像2020年这样的好年头之后，出现这种情况并不罕见。随着上升趋势进入末端，市场变

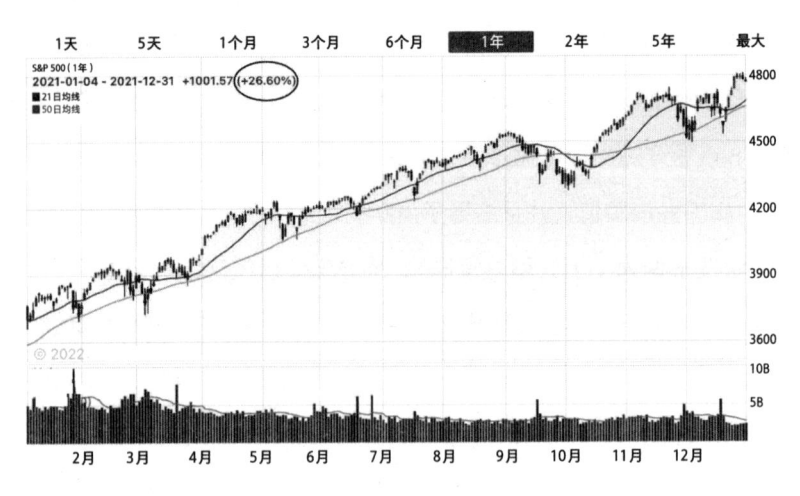

图2-30　标准普尔500指数2021年日线图（来自股票大师软件）

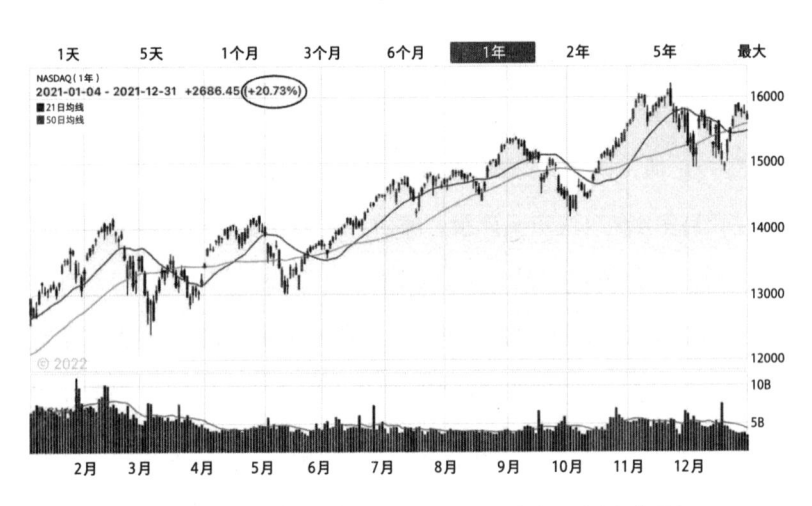

图2-31　纳斯达克指数2021年日线图（来自股票大师软件）

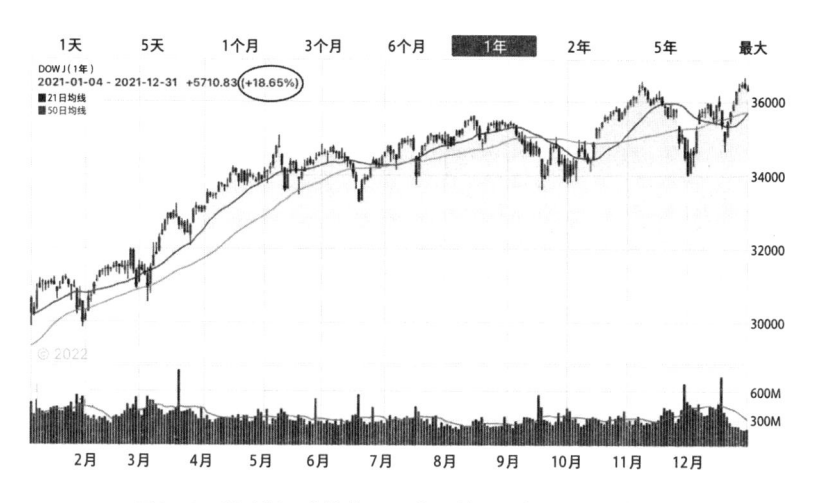

图2-32 道琼斯工业指数2021年日线图（来自股票大师软件）

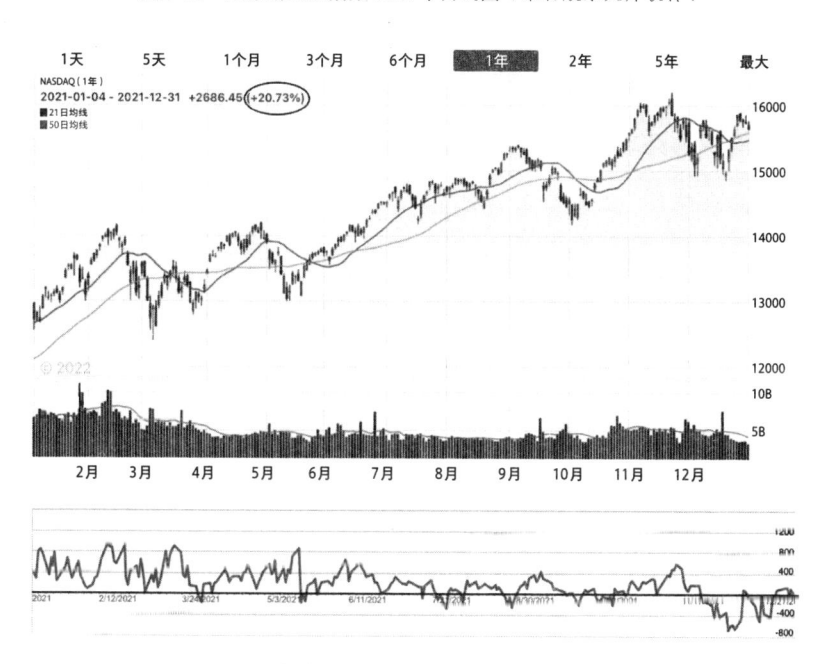

图2-33 2021年纳斯达克指数与H/L/G（来自股票大师软件）

第二章

得更具挑战性。我们可以从*IBD*调整市场状况的次数和H/L/G的反复中感受到这一点。你可以看一下，与前言部分图I-3中的2020年数据相比，2021年该指数有多少次变成了负值（低于图2-33中的中线）。

顶级交易者

顶级交易者在更具挑战性的市场中仍然表现出色。在2021年的全美投资大赛中，有几位顶级交易者实现了三位数的投资回报率。

马克·米勒维尼（Mark Minervini）在基金经理账户组中以令人印象深刻的335%回报率位居榜首，打破了该组成绩的历史最高纪录。这是马克第二次赢得比赛。他曾以155%的回报率赢得了1997年的冠军。马克是过去30年来最成功的个人交易者之一。2020年，他没有参加比赛，但最终也实现了150%的三位数回报率。马克曾出现在杰克·施瓦格（Jack Schwager）的《股市怪杰》（*Stock Market Wizards*）一书中。他还是一位畅销书作家，写过3本畅销书。请参阅我在结语中的推荐书目，我把这3本中的2本列为有史以来最好的股票投资书。他每年举办一次研讨会，许多参赛的年度顶级交易者都参加过。

2021年排名（338名参赛者）

当前月度排名

截至2021年12月31日的业绩

（过去的表现并不能保证将来的结果）

基金经理已认证评级（100万+账户）

股票组

马克·米勒维尼 +334.8%

维布哈·杰哈（Vibha Jha）+100.4%

彭修平（Hsiu-Ping Peng）+11.4%

以下是2021年全美投资大赛个人股票组的前5名交易者（最低2万美元）。

全美投资大赛

股票组

帕维尔·P. 斯特巴（Pavel P. Sterba）+222.3%

罗伊·马托克斯（Roy Mattox）+214.4%

瑞安·皮尔庞特 +201%

布兰登·沃诺克（Brandon Warnock）+133.4%

WM 凯瑞·布朗（WM Kerry Brown）+106%

瑞安·皮尔庞特在股票组再次取得第3名的好成绩。他的波段交易策略再次让他获益良多，使他在2021年取得了令人印象深刻的201%回报率。他在年初交易了几只领涨的中概股。亿航智能（EH）和老虎证券（TIGR）是他的两只大赢家股。年初，他以近50美元的价格买入富尔金特基因（FLGT），在当月底以接近90美元的价格卖出。瑞安还在年初买入TIGR，这只股票在之后的一个多月内上涨了3倍。瑞安于2月初卖掉了它。他还在年初以40多美元的价格买入FUTU（见图2-8），但在60美元附近就卖出，以获得强劲的短期收

第二章

益。他错过了该股的高潮冲刺，我们从图中可以看到，到2月中旬，该股涨了3倍多，股价达200美元。这个高潮冲刺形成了FUTU的最高点，随后它就开始快速回落。瑞安于2月初以接近70美元的价格买入了EH，几周后，他在其价格迅速飙升至略低于130美元时将其卖出。全年中，他所做的其他成功的交易仅带来了他收益的10%。这再次表明，从2021年3月到年底的这段时间是多么具有挑战性。随着震荡上升趋势持续到年底，更大的中期交易机会变得越来越少。

罗伊·马托克斯以令人印象深刻的214%回报率在股票组排名第二。罗伊同样更接近一名短线波段交易者。回想一下2021年的市场，尤其是从2月到年底，短线交易者的回报率要高于长线交易者。罗伊操作过本书提到的许多股票，包括LVGO、ZM、FSLY、DDOG和UPST等。罗伊主要交易领导股，他收紧了自己交易的时间框架，以充分利用市场提供的机会。他通过对这些领导股进行短线交易，在全年收获了多个20%收益。顺应市场潮流是有好处的，罗伊在2021年获得的巨大回报证明了这一点。

第三章

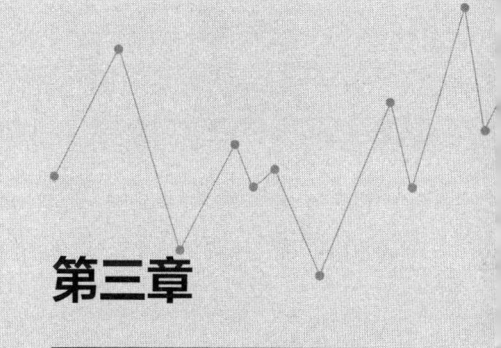

启示

启示

在2020年和2021年的股市中,主要股指都是上涨的,但在某些方面有很大的不同。从这两年中汲取的许多经验教训可以帮助人们应对未来的市场周期。市场每年的大部分行为都与之前的市场周期类似。差异总是存在的,但一些关键特征确实会重复出现,几十年来一直如此。而且由于人类的本性,这些关键特征在未来很可能还会重现。以下是我在这两年中总结的一些经验教训,按时间顺序排列。

启示1

第一条启示是要善于观察2020年早春那些不断蔓延的负面信号。新冠肺炎疫情事件就是其中之一,在某种程度上,它几乎把一切都卷入了不确定和恐慌之中。股市开始见顶,指数正在经历越来越严重的抛盘,II/L/G变为负数,*IBD*降低了对整体市况的评级。当它们同时呈现出这样的发展态势时,就该采取防御措施了。当所有的负面信号都非常明显时,就是抛售股票并离场观望的时候了。经验更丰富的投资者可能已经卖空了那些显示出典型卖出信号的指数或领导股。但最重要的是，那次短暂但强劲的熊市下跌，是关于防御型卖出技巧的生动一课。在明显的下跌趋势中，及时止损，不要试图与市场对抗是永恒的教训。这也是关于资本保护和心理防护的一课。当市场开始并持续呈现出下跌趋势时，没有什么比留住资本更重要的了。这样，当市场逆转时（总会如此），你将拥有健康的资本和心理状态，以充分利用好下一个上升趋势提供的机会。

启示2

下一条要牢记的启示是，在出现明确的信号表明下跌可能会结束之前，要保持足够的耐心等待。这是一种从长期经验中获得的忍耐技能。保持耐心有助于保护你的资本——不但对保护你的财务资本大有裨益，更重要的是，还能保护你的心理资本。在市场下跌时不要感到沮丧，也不要因为市场的波动而心绪起伏，这样你才能保持良好的情绪，从而为下一个市场上升趋势做好准备。停止交易让你有时间回顾过去的错误，并通过反复阅读优秀的交易图书来不断地提升自己，因为交易是一个永无止境的学习过程。耐心是纪律的重要组成部分，一旦掌握并能付诸实践，你就会受益匪浅，特别是如果你打算长期投身股市的话。

启示3

如果你在2020年年初遵循了前两条启示，那么下一条启示就是关于如何为迎接新的上升趋势做好准备的。要持续做好图表分析，查看每周观察列表，让自己保持专注，掌握所需的技能，以应对总是会发生的行情逆转。不气馁、不放弃会让一个人抓住随之而来的下一个机会。你可以看到在2020年4月至8月这一强劲的上升趋势中出现了多少好机会。当市场开启新的上升趋势时，一般来说，在下降趋势中跌幅最小、保持上涨或表现出相对强势的股票最容易成为领导股。无论市场走势如何，都需要做功课。顶级交易者有一套严格的日常工作流程。不管市场状况如何，他们都坚持做研究。对于研究成果的严格执行让他们的投资业绩有别于他人。如果条件不理想，他们就什么也不做。许多顶级交易者认为，在下降趋势中持有现金头寸与在上升趋势中持有领导股一样重要。如果情况有变，他们会随时扑过去抓住机会。这一切都是为了保持对全局的掌控而进行的必要准备工作，无论当前的情况如何。

启示4

下一条启示是，当市场逆转，尤其是在大幅修正或熊市周期之后时，无论之前的修正或熊市持续了多长时间，都要及时参与进来。很多时候，（大多数人不会相信）最好的、早期的投资机会已经出现在他们面前。最初的微弱趋势有助于人们感知随后的上升趋势。在判定上升趋势的开始这方面，IBD有着非常可靠的记录。只要回顾一下指数的图表就知道了（见图I-1和图2-12）。没有人知道一个新的上升趋势是否会持续下去，这就是为什么你要进行试验性买入来检验它的有效性。如果反弹尝试失败，你就退出。2020年4月初的那次判定非常精准。此外，跟踪H/L/G（配合IBD的判定）是非常有益的。如果H/L/G在市场大幅下跌后开始反弹且趋势良好，就可能是市场反转的信号。但最重要的是基本面强劲的股票的数量和质量，它们抵御了下跌，其中最好的那些有着上升的RS（相对强度）线，并在市场下跌期间构筑了坚实的基底。当上升趋势开始并持续时，这些股票往往会率先突破并引领大盘上涨。这里的关键教训是，要试验性地买入那些开始启动的、你在市场下跌时所研究过的股票。如果你在市场下跌过程中保护了你的财务和心理资本，就能更好地（在财务和心理上）参与上升趋势。如果你因为犹豫或拒绝认错而遭受了一些沉重的打击（这可能发生在任何人身上），那么你在这两个方面就都无法做好准备以实现最佳表现。上升趋势的早期阶段，最好的机会开始出现。我研究过的所有历史上最好的交易者都发现，当市场从修正中回升并持续上涨时，就是他们开始获得最佳回报的时候。

启示5

如果你在2020年春天遵循了第一条至第四条启示，并且回到了市场，那么你关注的焦点就要转向你的风险管控策略和交易策略，以处理一路上买入的那些领导股。关键的成长股交易策略包括：当交易对你不利时严格控制损失；初始金字塔式加仓；从进攻和防守两个角度考虑卖出策略；在脱离关键均线区域或基底形态时买回股票。关键是要保持有计划的风险管理，并保持心理过程可控。每个人都应该制定适合自己个性的策略与计划。我们在第一章和第二章的结尾看到了一些顶级交易者的不同之处。他们的策略不同，以配合各自独特的交易风格，但他们的投资成果是相似的。无论你的策略和优势是什么，纪律性是关键。有纪律地坚持成功的计划会给你带来一致性。

我们将研究2020年的几只猛兽股，指出一些典型的买入点和卖出点，并观察它们在2021年的表现。记住，在2020年4月的上升趋势中，ZM和DOCU是首批起飞的两只股票。由于新冠肺炎疫情，人们开始居家办公，线上办公类的产品和商业模式需求旺盛。然而，尽管它们在2020年给许多顶级交易者带来了强劲收益，但它们在大涨之后也发出了典型的抛售信号。为了兑现你所获得的利润，知道如何卖出以及何时卖出是非常重要的。以下两张图将沿用之前的图表，但会额外标注出2020年最好的买入/加仓时机（蓝色）和卖出/减仓时机（红色）的位置。你可以回顾本书之前的图表，查找所有类似的例子。对于每名读者来说，这实际上是一个很好的练习和研究课题。在本章的后面，我将再次展示ZM和DOCU 2021年的日线图，这样你就能清楚地看到为什么想要留住那些大赢家股带来的利润，卖出策略是关键。你最不想看到的事情就是，你通过正确处理一只领导股获得了巨大的收益,却因为忽略卖出策略而失去了这些收益。

买入/加仓的时机通常如下:

- **从基底区域突破**——最好是放量
- 放量向上跳空
- 基底内部的强势中枢点
- 从 21 日均线和/或 50 日均线支撑区域反弹——最好是放量

卖出/减仓的时机通常如下:

- 放量向下跳空
- 高潮冲刺
- 远离 21 日均线和/或 50 日均线的价格扩张(进攻型卖出策略)
- 放量跌破之前的 21 日均线和/或 50 日均线支撑区域(防御型卖出策略)

我将概括一下《猛兽股》中提及的交易步骤,这些步骤是历史上的大赢家股所共有的,且本书提及的许多股票都遵循的。此外,它们也与上文讨论的两只股票的发展情况相吻合:

- **筑基**(构筑基底)——耐心等待市场确认趋势。上升趋势的开始通常会带来最好的领导股,它们在市场调整期间建立了最好的基底形态。
- **突破**——在放量的基础上突破良好的基底形态是明确的买入信号。
- **突破之后**——如果上升趋势持续,股价也跟着上涨,那么在最初的突破之后进行金字塔式买入通常会带来回报。回调然后脱离关键均线支撑区域也是额外的买入机会。失败的突破应该尽快止损以减少损失。

- **上涨**——当股价从关键均线区域扩张后,那些成功的交易者通过强势卖出留住了利润。谨慎的卖出策略还包括寻找高潮冲刺和放量跌破关键均线区域的防御型卖出策略。

还记得本书开头对猛兽股的定义吗?"在快速上涨的猛兽股中,获利最丰厚的部分通常出现在其持续6—12个月的主拉升阶段。"2020年许多最牛的领导股在很短的时间内完成了拉升——有些甚至只用了三四个月!股价不会永远上涨,所以制定卖出规则来锁定一些大额收益是明智的。强势卖出可能是最难执行的规则之一,但历史上的顶级交易者都发现了它对长期成功的重要性。图3-1显示了ZM的快速上涨情况和一些卖出的时机——以锁定部分强劲收益,而不是全部都还回去。ZM在2021年从未达到2020年的高点。事实上,对于长期持有的人来说,他们会把所有的收益都还回去,甚至更多(见图3-3)。2020年的另外几只大赢家股也是如此,让强劲的收益坐了过山车。

需要注意的一点是,没有人能抓住一只猛兽股的全部收益,也没有人能抓住所有的猛兽股。我们的目标是,至少能抓住市场每年产生的几只最大的领导股。如果你足够幸运或足够优秀,能参与到其中几只的交易中,那么你至少要把握住它们的主拉升中的一部分。如果你在市场中活跃的目标是赚钱,那么你为什么不想参与到最大的赢家股交易中呢?领导股会增加你成功的概率。我们在前两章中看到,一些在2020年和2021年全美投资大赛上名列前茅的顶级交易者,只是抓住了少数几只领导股的部分大动作,就让他们的账户获得了可观的回报。

第三章

　　我鼓励每位读者回顾本书提到的每只股票，在类似图3-1和图3-2的图表中标出买入/加仓和卖出/减仓的时机。或者如果你错过了一些大行情的话，可以标记你在这些股票上的实际交易，看看未来该如何改善。你对过去的交易研究得越多（并且参考过去的大赢家股），你就越能发现未来可以改进的地方。在市场中，没有什么是比研究自己做过什么、错过了哪些机会和犯过哪些错误更能诚实地面对自己的了。市场中没有确定性，所以每个人都会犯错——而且是很多错误！这是投资的一部分。但是，你越是能清楚地认识到自己的弱点，并在未来的交易中改正它们，你就越是能看到获得改善的投资成果。

　　现在我们来看看2020年的几只猛兽股，并将它们的价格走势与2021年的表现进行比较。你会看到它们是如何触顶并开始发出警示信号的。许多股票以类似的方式触顶。当一只大牛股的趋势开始改变时，明智的做法是顺应这一趋势。制定可靠的卖出规则将有助于你在需要时采取行动。通过研究过去的领导股的历史图表，人们可以学到很多关于买入和卖出的教训。威廉·欧奈尔为《猛兽股》的封面背书时引用了一句很棒的语录："研究过去的大赢家，你就会买到未来的大赢家。"他应该比任何人都清楚这点，因为在他的职业生涯中，他抓住过许许多多这样的大赢家。研究过去的领导股对你的未来投资很有帮助，无论是处于上升趋势还是下降趋势。但没有什么比亲身体验更好的了。毫无疑问，这并不容易！错误和损失是最好的老师。你需要多次灼伤自己才能学会停止那些不起作用的行为。研究下面的图表，你会看到趋势在什么时候发生了变化。

启示

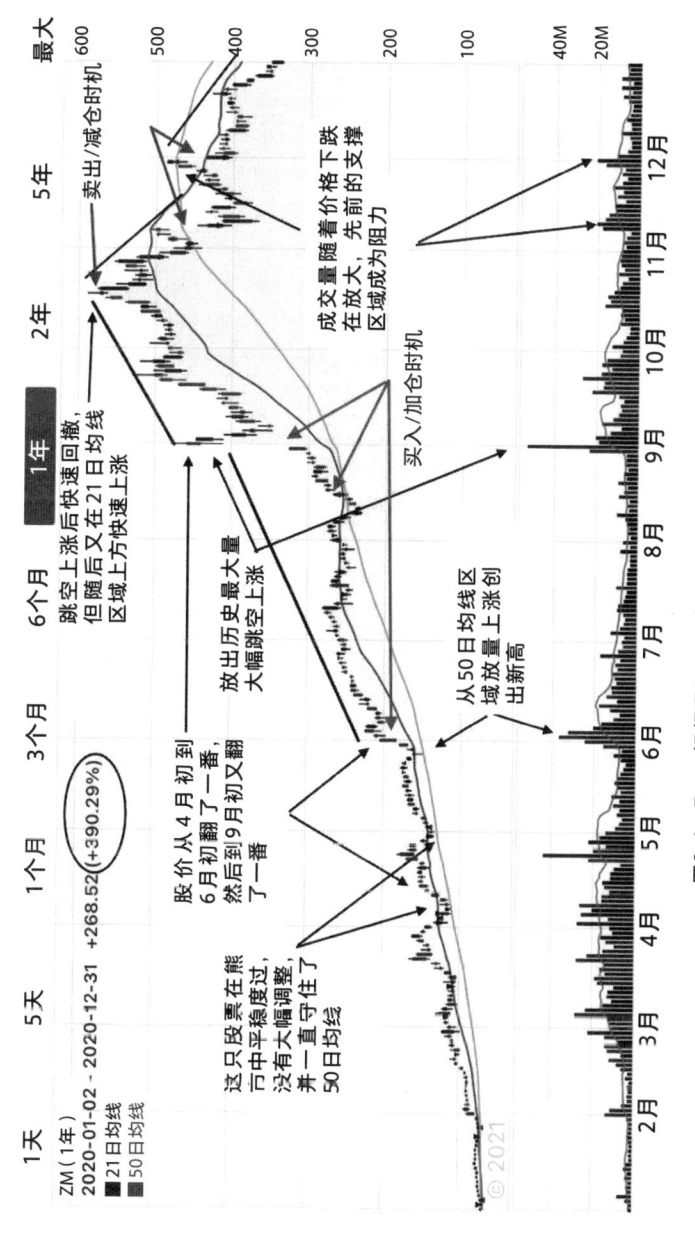

图3-1 Zoom视频通讯2020年日线图（来自股票大师软件）

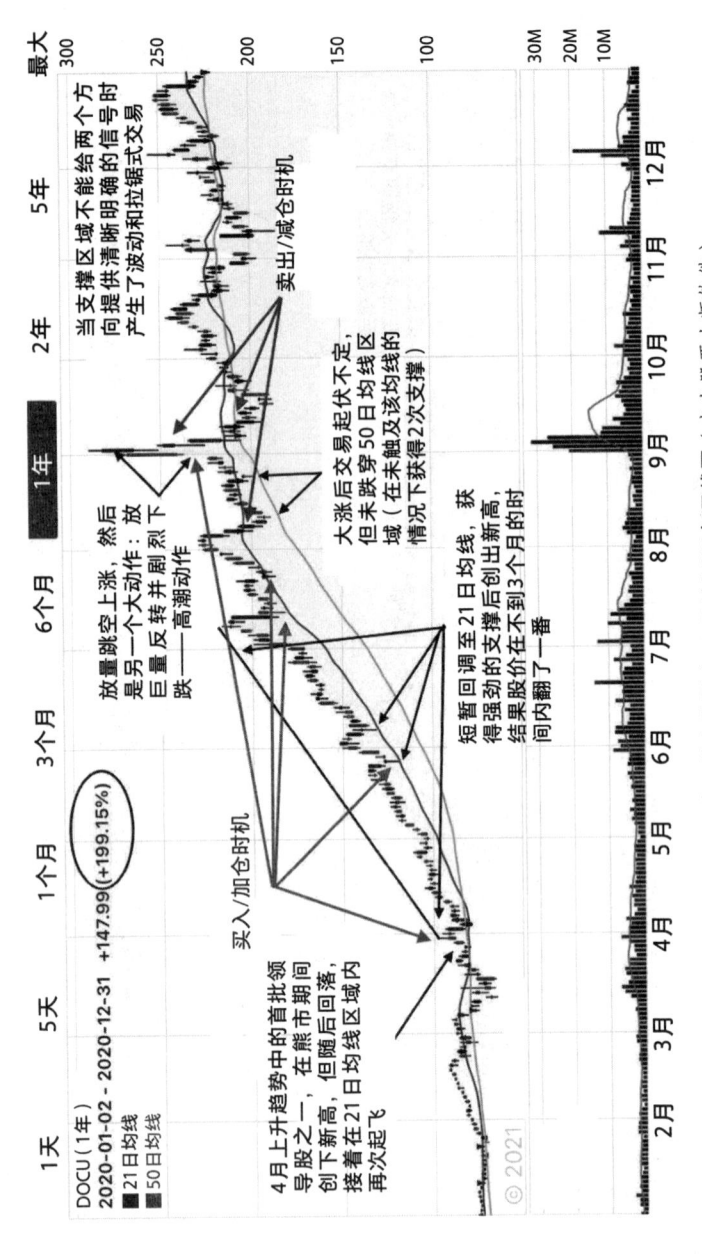

图3-2 DocuSign电子签名公司（DOCU）2020年日线图（来自股票大师软件）

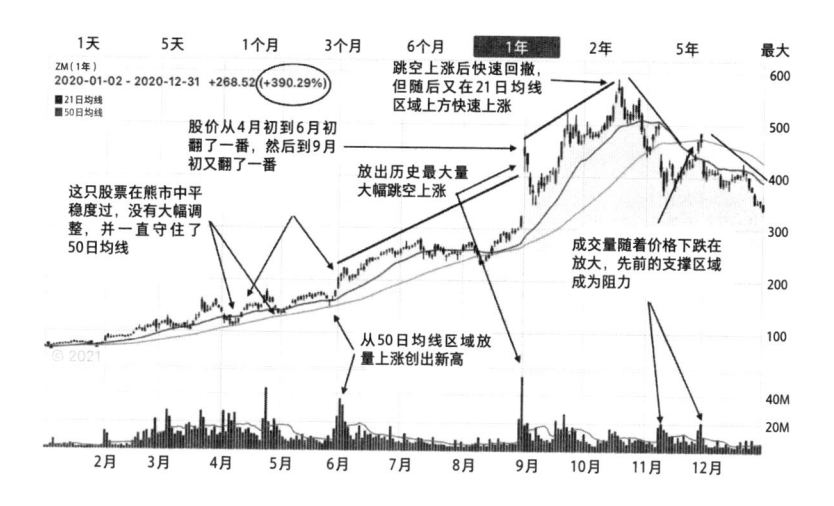

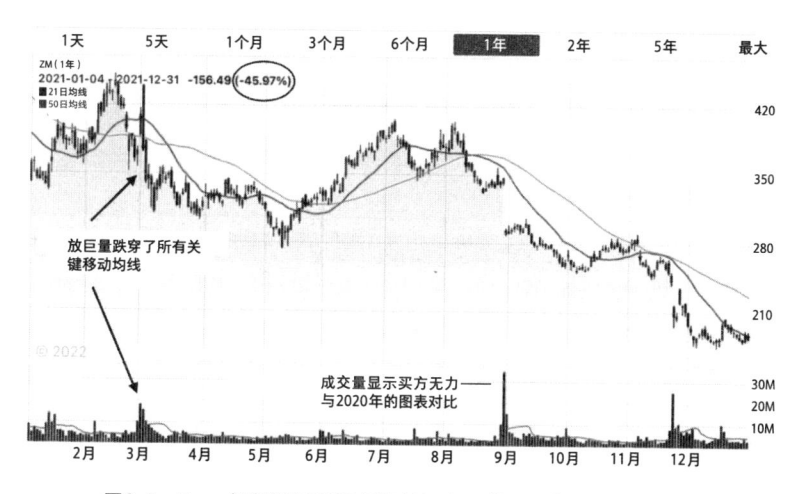

图3-3 Zoom视频通讯2020年和2021年日线图（来自股票大师软件）

第三章

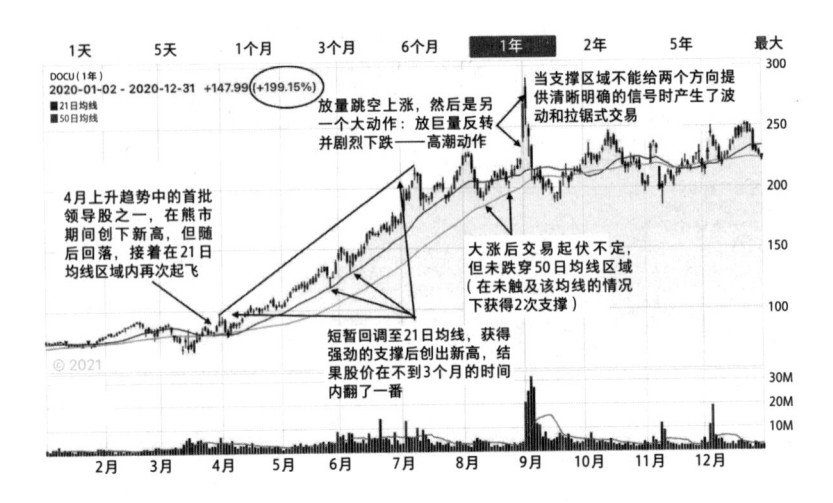

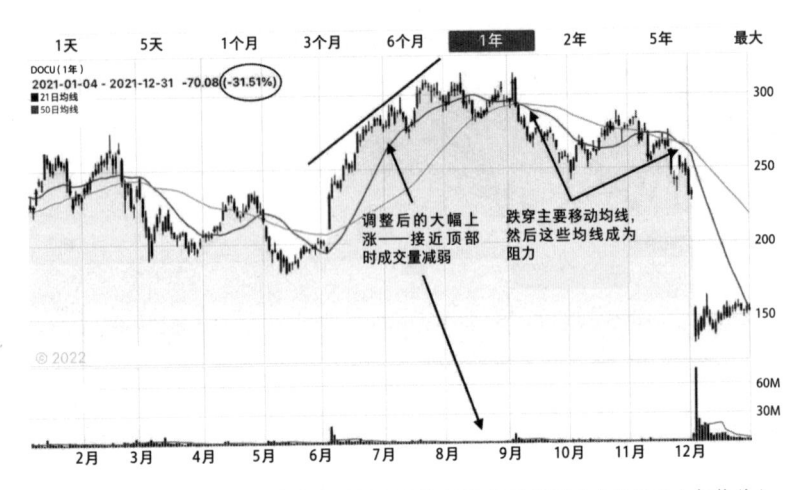

图3-4 DocuSign电子签名公司2020年和2021年日线图（来自股票大师软件）

启示

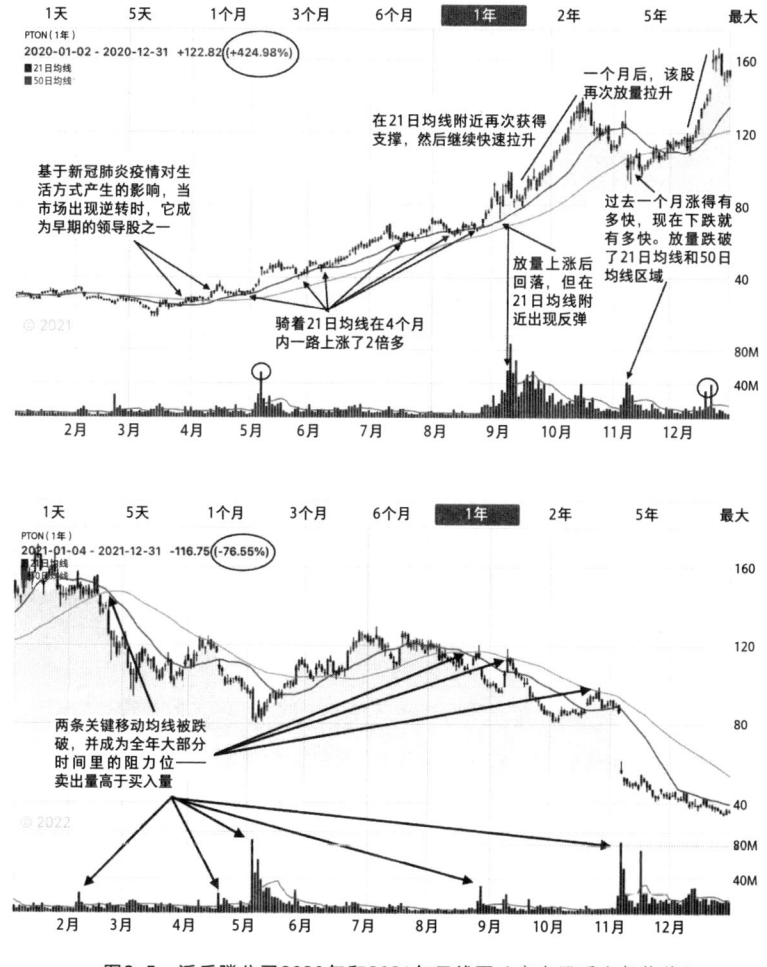

图3-5 派乐腾公司2020年和2021年日线图（来自股票大师软件）

第三章

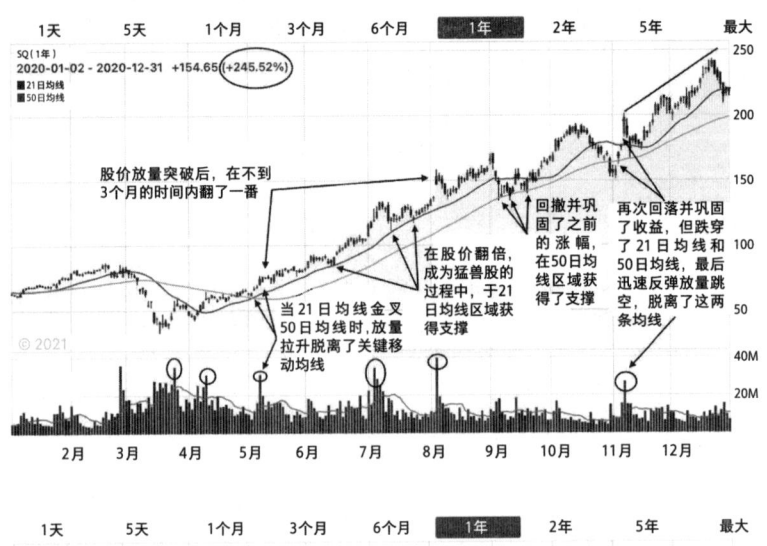

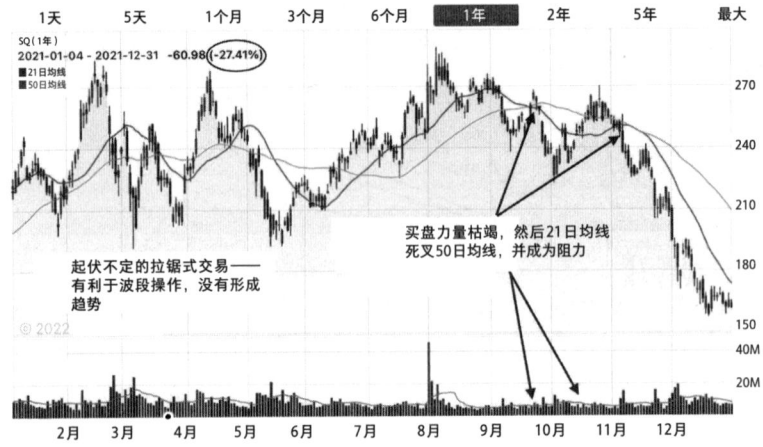

图3-6 Square公司2020年和2021年日线图（来自股票大师软件）

启示

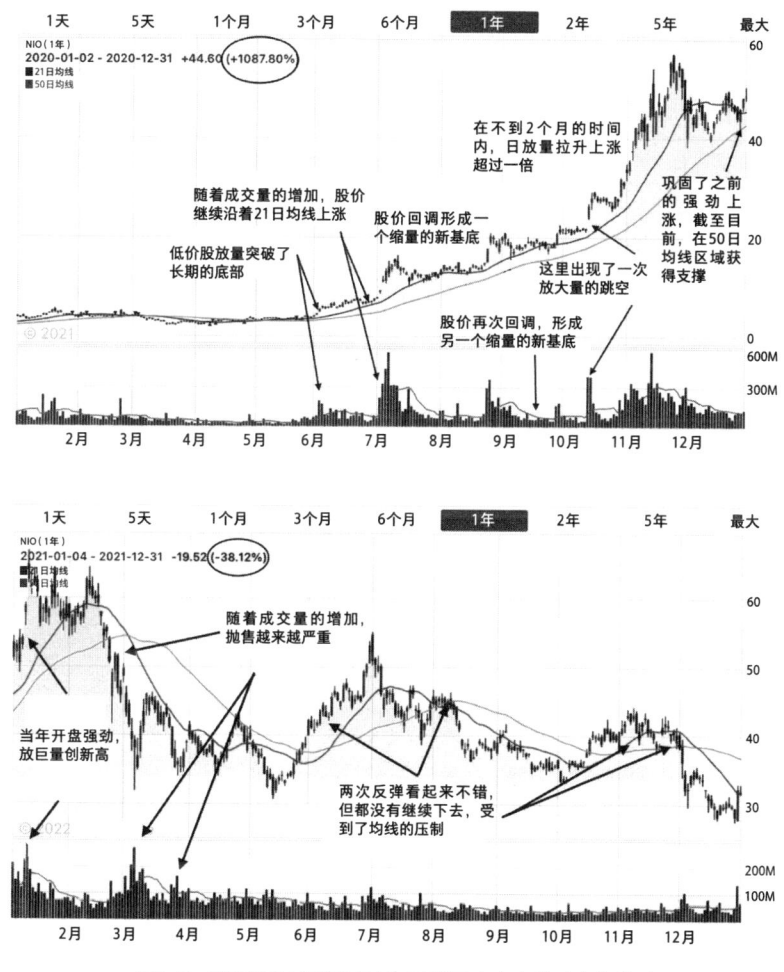

图3-7 蔚来2020年和2021年日线图（来自股票大师软件）

第三章

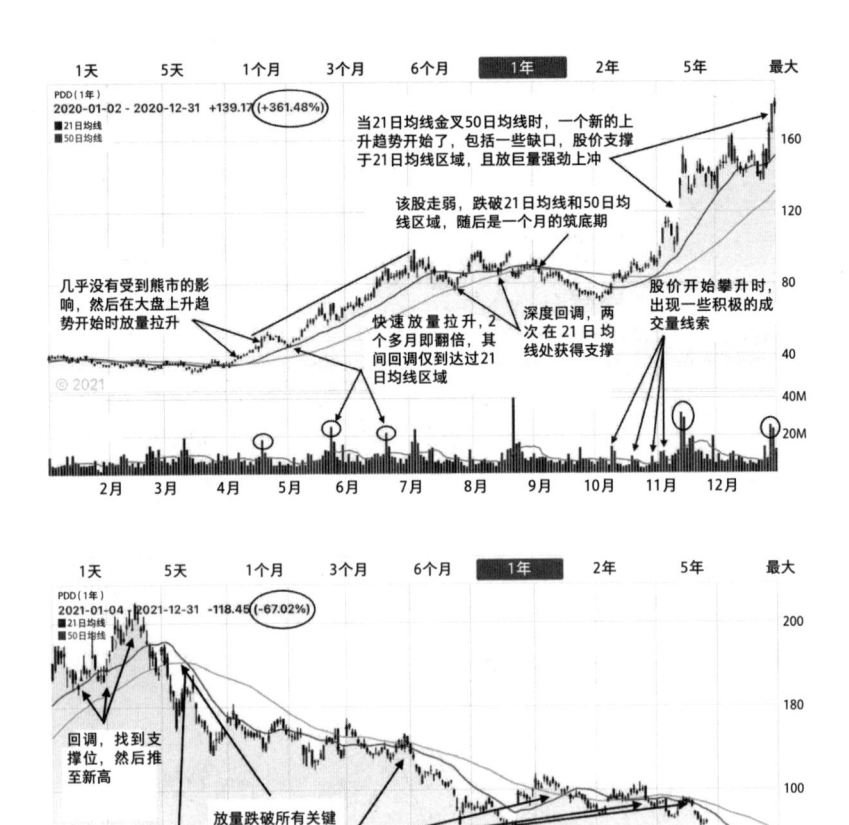

图3-8 拼多多2020年和2021年日线图（来自股票大师软件）

启示

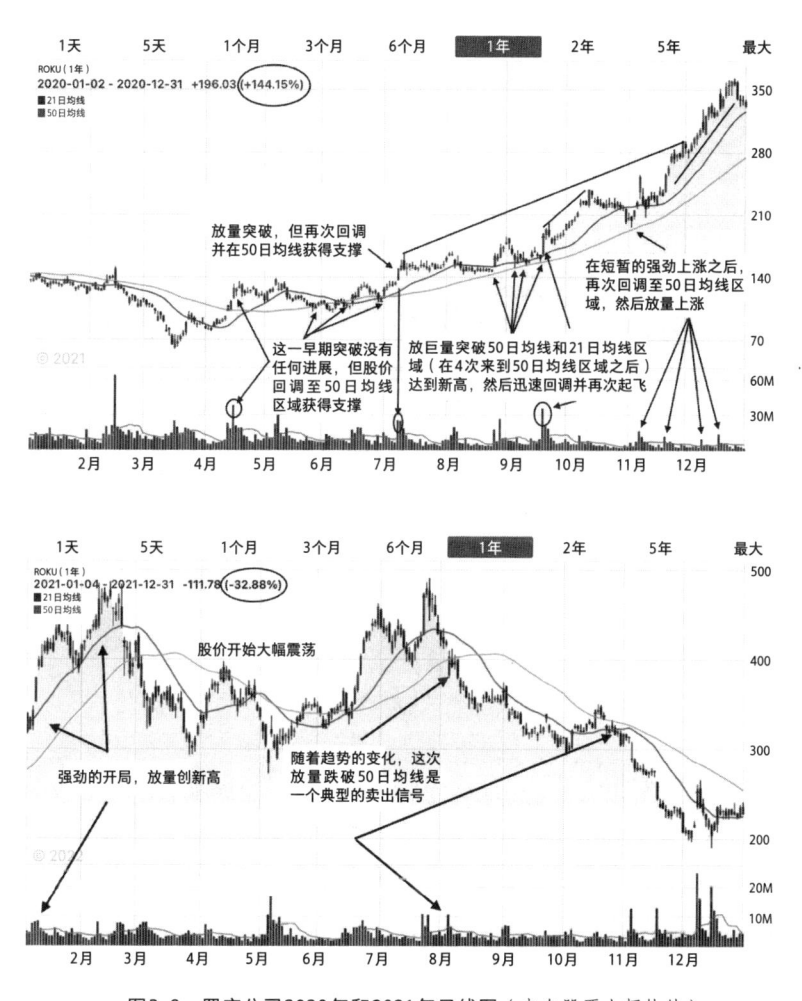

图3-9 罗库公司2020年和2021年日线图（来自股票大师软件）

第三章

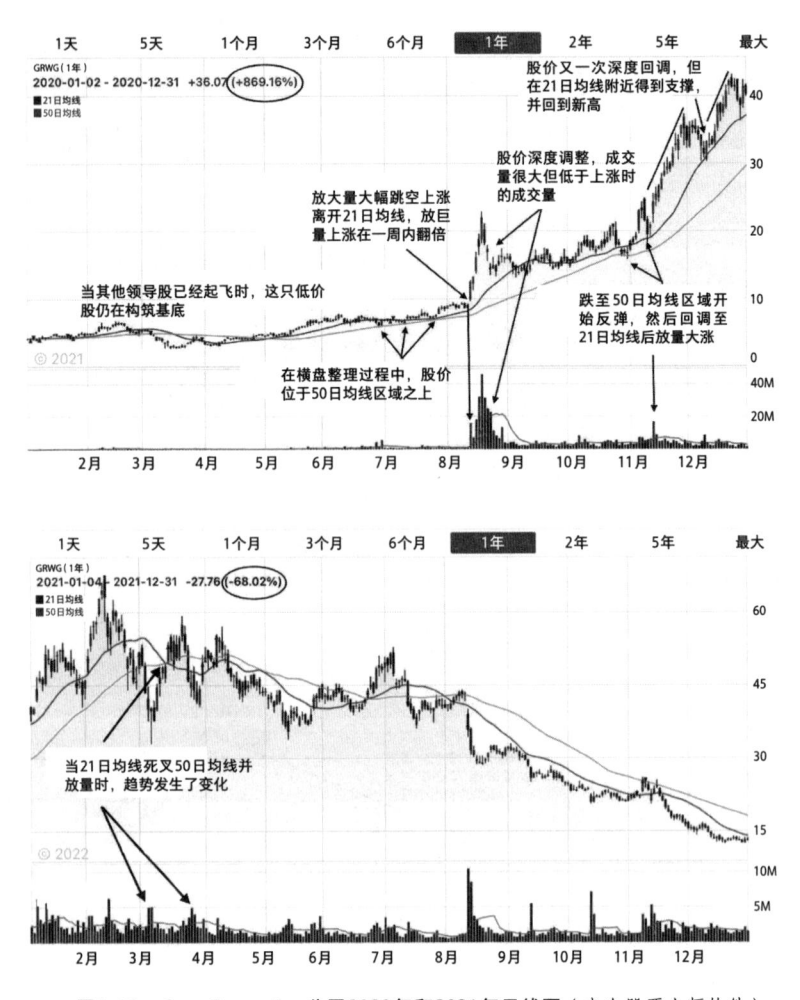

图3-10 GrowGeneration公司2020年和2021年日线图（来自股票大师软件）

启示

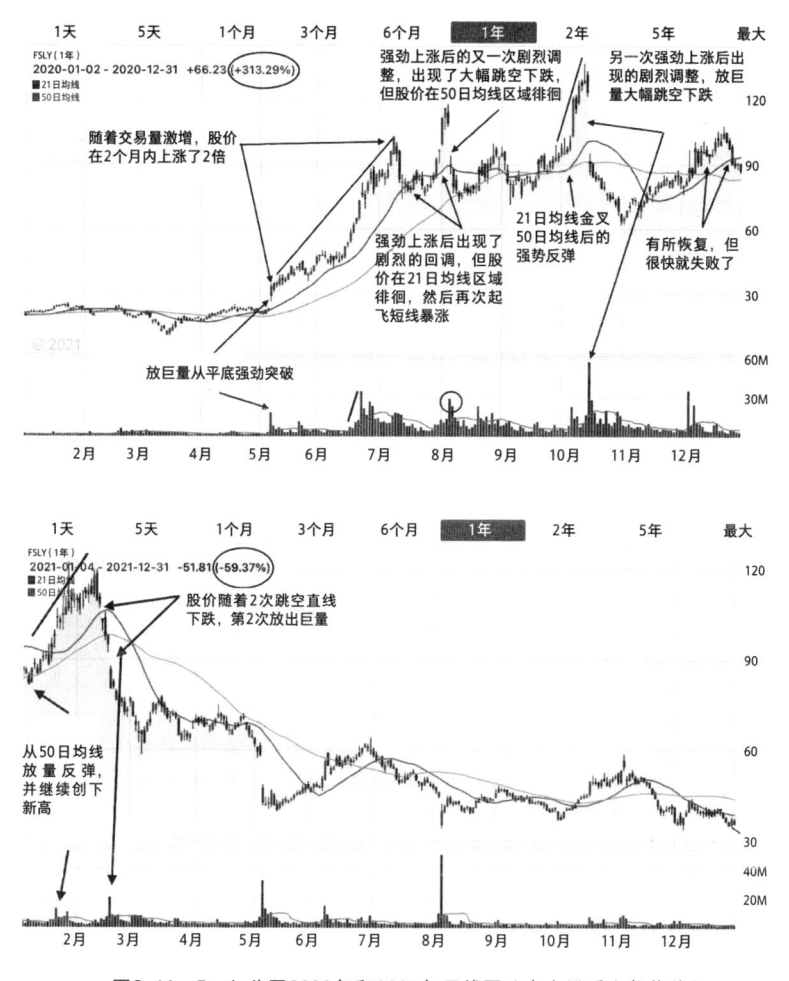

图3-11 Fastly公司2020年和2021年日线图（来自股票大师软件）

第三章

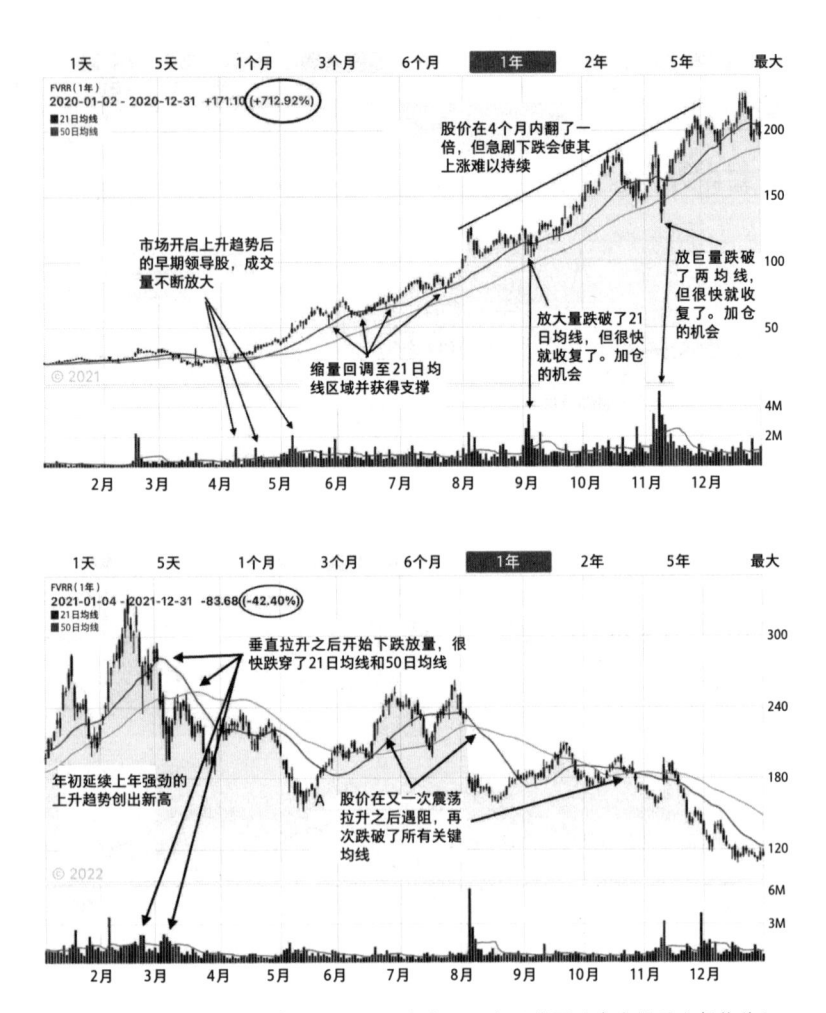

图3-12 Fiverr国际有限公司2020年和2021年日线图（来自股票大师软件）

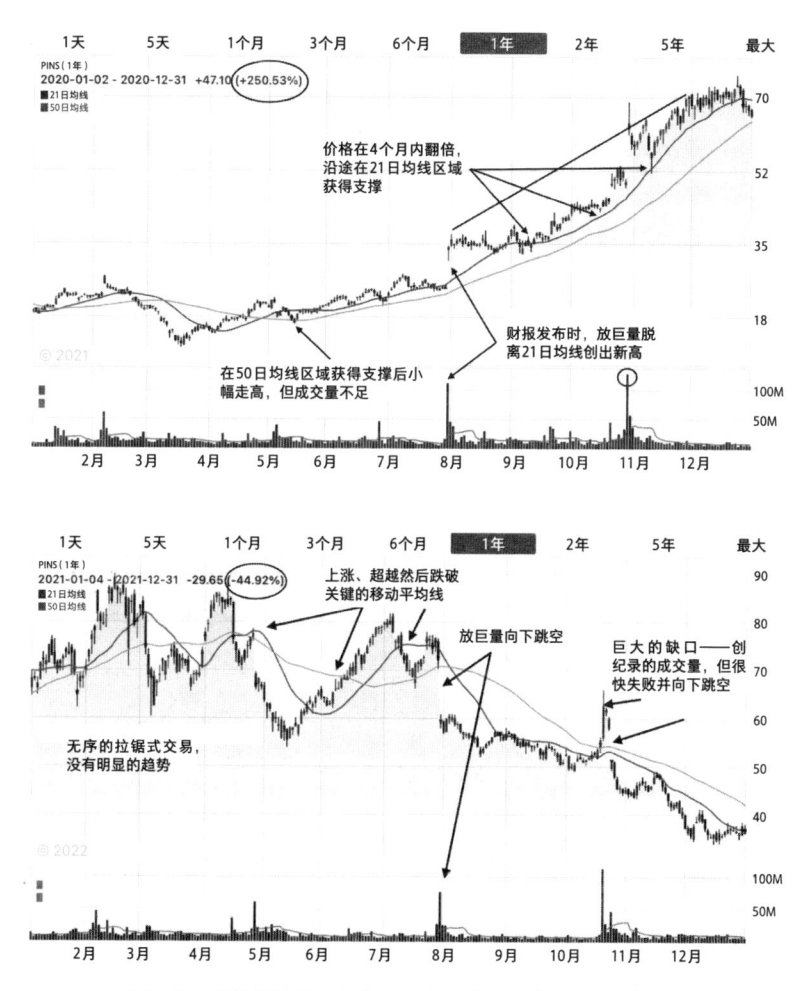

图3-13 缤趣公司2020年和2021年日线图（来自股票大师软件）

第三章

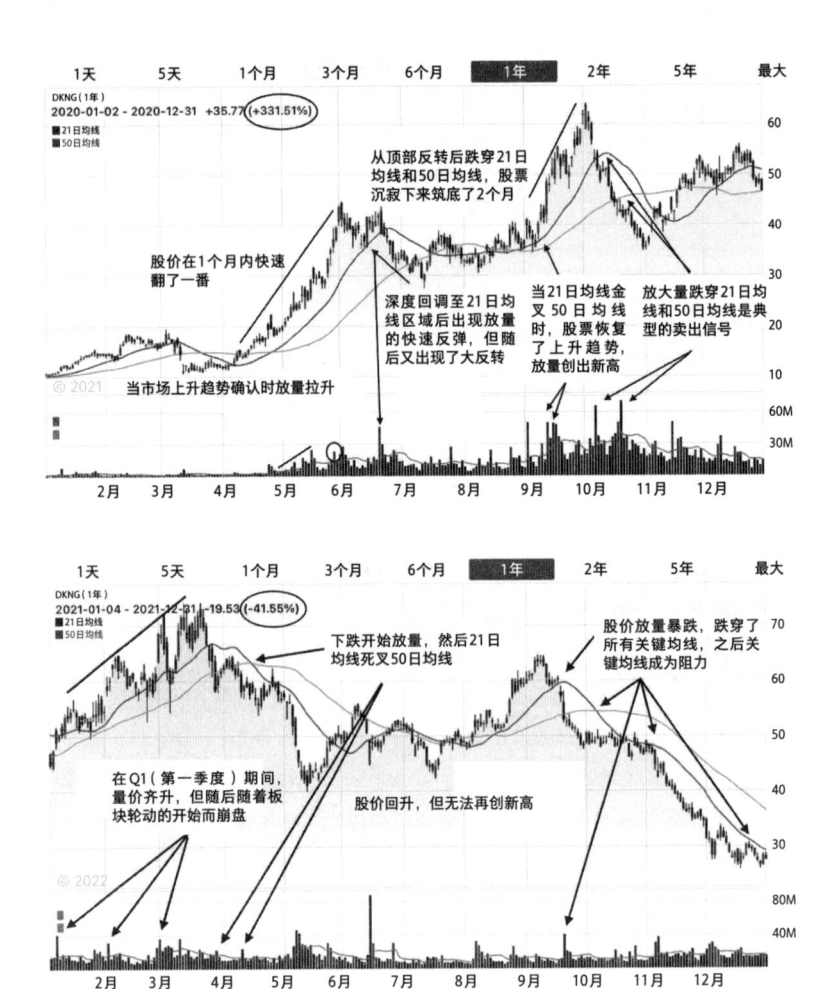

图3-14 Draftkings公司2020年和2021年日线图（来自股票大师软件）

启示

正如你所看到的，虽然在2020年年初的暴跌之后，市场在这两年都呈现出上升趋势，却以不同的方式上演。以下内容摘自威廉·欧奈尔的《笑傲股市》(How to Make Money in Stocks)一书，我认为这是对2020年（第一章内容）和2021年（第二章内容）市场状况的高度概括：

真正赚大钱的机会通常出现在新牛市周期的头一两年。在这一时期，你必须始终认识到并充分利用市场所呈现出的宝贵机遇。

"上涨"周期的其余部分通常伴随着上下震荡，然后就是熊市。在新一轮牛市的第一年或第二年，一般来说市场会出现一些中期下跌。这通常会持续几个月，市场指数会下跌8%以上，偶尔会到12%或15%。

2020年，更多的情况是"在突破时买入，并一直持有，直到触发典型的卖出信号"。而2021年的大部分时间则更适合短线波段交易——随着时间的推移，波段交易者获利颇丰。理查德·威科夫（Richard D. Wyckoff）和吉拉尔德·勒伯（Gerald M. Loeb）是100多年前两位非常成功的股票交易者，他们活跃了几十年。根据市场状况，他们都在需要时采用了灵活的短线交易策略。灵活性以及在需要时根据市场状况将这种灵活性融入交易策略的能力是成功的关键。马克·米勒维尼——我们在上一章中已经介绍过，在2021年赢得了全美投资大赛——他从第一季度开始就缩短了自己的交易周期，利用快速的短线交易获利，因为这正是市场所呈现出的主题。他买进符合他标准的股票，然后在短期内迅速进行强势卖出。他的头寸非常集中，并且快速锁定短期利润。当一笔交易对他不利时，他总是会快速止损。在这一年里，他以很高的周转率重复这一策略，轮流换股以抓住市场不断提供的绝佳机会。然后，他逐月复合他的收益，打破了大赛基金经理账户组的收益纪录，并赢得了冠军。

马克证明了在2021年保持灵活机动，并实施严密的风险管理策略是实现高回报率的关键，因为市场在2020年之后产生了变化。市场的这种转变给那些在股价突破时买入，在股价稍微上涨一点后就卖出的顶级交易者带来了丰厚的回报。市场中的突破看似有效，但持续性很差，与2020年的情况完全不同。2021年，顶级交易者轮换介入下一个提供同样机会的板块个股，进行同样的操作。上升趋势持续的时间越久，股票突破后持续的时间就越短。板块在短时间内轮流突破更有利于投机交易。在《股票投机研究-卷1》(Studies in Stock Speculation—Volume 1)中，理查德·威科夫描述了市场投机的要素（这是100年前的事了）。总之，他给大多数交易者的建议是，远离投机市场，直到市场形成了更明确的趋势。因为想要利用好投机市场，交易者需要更多的经验和更快的反应速度。对于本书提到的一些顶级交易者来说，在2021年采用这种短期策略非常奏效——他们经验丰富，能够识别市场的行为特征，并抓住市场提供的机会。

此外，威科夫在几十年前对杰西·利弗莫尔（Jesse Livermore）进行了采访，这些采访在1984年被温莎图书公司重印在一本名为《利弗莫尔的股票交易方法》(Jesse Livermore's Methods of Trading in Stock)的小册子中。以下是该书中关于上升趋势加深时期特征的节选，在这一过程中股市没有经历任何重大回调，却创造了上下波动的交易机会。2021年的几位顶级交易者也发现了，在2021年初——就在短线交易环境开始之前，市场开始出现以上类型的活动，与利弗莫尔所看到的情况类似。

当市场出现一系列的中期波动，并开始接近一个可能发生重要转折点的水平时，它会更频繁地做出反应。因此，投资者经常会在市场进入高位阶段，或当所谓的卖出区出现了一些强烈上涨时，全部或部分平仓。

利弗莫尔是一名活跃的交易者，很久之前，他日复一日地在股市中快进快出，以此来弥补亏损。对他来说，在交易中第二重要的就是利用市场的中期波动，即市场变动在10个点至30个点，时间在一两周至几个月的情况。我们假设股市上行到高位，尽管还没有达到反转点，市场却已经出现超买，市场的技术面即将面临10个点至15个点的回调。利弗莫尔认为，在这种情况下，最好减持做多的仓位，这样就可以在将来以更低的价格重新买进这些股票。在一些他认为最终市价将会更高的股票上，利弗莫尔可能已经赚取了20个点或30个点的收益，但如果他能将这些股票在市场出现剧烈回调时清仓，并以便宜十个点的价格买回来，就可以减少持仓成本。

利弗莫尔的描述似乎与2021年年初非常类似，当时许多领导股都在延续2020年以来的大幅上涨。随着上升趋势的持续，我们看到，在

第三章

2021年早春开始出现板块轮动。随着时间的推移和上升趋势的加深，板块轮动变得更加普遍。这时波段交易或剥头皮交易似乎最有效。这就是为什么利弗莫尔在上升趋势后期调整了他的策略——他知道随着上升趋势的持续，会发生更频繁的回调。随着2021年上升趋势的推进，要将这种更积极的交易策略运用到领导股身上——这是我们从上一章"顶级交易者"那一节中学到的。

随着时间的推移，为了适应不断变化的上升趋势，人们可以调整《猛兽股》中所概述的策略（本章前半部分有总结）。这种策略已经有效运作了几十年，在2020年也非常有效。我将其称为"最佳猛兽股策略"（MMSS）。需要指出的是，《猛兽股》中所概述的步骤来自对威廉·欧奈尔、杰西·利弗莫尔、理查德·威科夫、吉拉尔德·勒伯、尼古拉斯·达瓦斯（Nicolas Darvas）以及其他历史上成功的成长与动量交易者的细致研究。这些交易者仔细钻研了那些最牛的股票在大幅上涨之前、上涨期间和上涨结束时的行为。然后每个人都会微调自己的交易系统以适应自己的个性和风格。他们都发现了好股票成为高回报股票的相似之处。

如前所述，当上升趋势持续并趋于成熟时——尤其是在2020年这样的年头之后，买入力量通常会趋于减弱。这种情况通常发生在很少出现重大修正（指数高点下跌10%至20%）或熊市（指数下跌20%或以上）的上升趋势中。此外，市场的上升趋势（和下降趋势）也有几种变体——强上升趋势、弱上升趋势和震荡上升趋势等。我利用H/L/G的净值来了解上升趋势有多强劲。强上升趋势具有非常健康的

H/L/G值，而震荡上升趋势则具有更低的H/L/G值，而且可以在几天内快速地在正负值之间切换。你可以查看与2020年（图I-3）和2021年（见图2-33）H/L/G净值相关的指数图表，以了解这种相关性。

在上升趋势期间，如果市场没有经历一些调整，买入力量只会随着时间的推移而变弱，因为大多数投资者和交易者都已经满仓投入强劲的上升趋势中。为了应对这种情况，人们可以将典型的猛兽股卖出策略收紧。典型的成长型猛兽股卖出策略包括在大赢家股跌破21日均线或50日均线区域时卖出，尤其是当成交量放大时。另一个典型的卖出策略是在高潮冲刺时卖出。在市场环境变化时收紧（卖出策略）就是"最佳猛兽股策略"之一。这意味着将卖出信号提升到10日均线附近，投资者可以在股价跌破该均线区域时卖出或削减这些股票的头寸。此外，在高潮冲刺出现之前更频繁地进行强势卖出或削减头寸是另一种更严格的卖出策略。这需要更频繁地进行进攻型"横向扩展"卖出交易，而不是持有全部头寸——直到典型的突破或高潮冲刺出现。在动荡的市场环境中，抛售变得更加常见。此外，*IBD*的一个经典卖出技巧是，不要完全等到突破上涨达到20%或25%时才开始兑现利润。这是另一种进攻性的、更加严格的卖出策略。这样做可以让人们在10日均线和/或21日均线区域出现反弹时买回头寸——类似于上文提到的利弗莫尔的策略——在回调后的领导股重新启动时买回它们。当市场需要时，调整那些进攻型和防御型卖出策略是有益的。这是一种比持有不动更积极的方式，可以奖励那些在上升趋势后期保持活跃的交易者。与在最强劲的领导股回调或重新构筑基底阶段继续持

第三章

仓的方式不同，MMSS策略如果运用得当，就可以带来复合回报。这意味着，随着市场周期阶段的变化，人们要依据市场和领导股的表现做出反应。在需要的时候调整策略，始终保持在最佳状态和"当下"的环境中，可以帮助人们有效应对未来市场状况的变化。

随着市场周期经历不同的阶段和趋势，本章开头提到的经验教训将会不断重演。在撰写本书时（即2022年1月），市场已经于2021年11月见顶并正在进行修正。2022年1月，抛售主导了市场。就像在2020年年初那样，出现了许多负面信号。抛盘日越来越多，领导股正在筑顶，IBD将市况评级下调为"市场修正"，H/L/G大多时候为负值。实际上，从11月中旬到1月底，在78%的交易日（51个交易日中有40个交易日）中，H/L/G都是负值。这是一个重大的趋势转变。许多顶级交易者都持有现金，有些人把握住了能源和其他少数几个特定行业——这些行业出现了微弱的领先优势。但就目前的情况而言，在市场趋势产生变化（市场总是会在某些时候改变）之前，保护资本是当务之急，同时要继续开展研究工作，并密切关注市场未来可能提供的机遇。

结　语

　　日复一日地密切观察某事物，会使人对这一事物产生敏锐的眼光。股票市场既复杂又充满矛盾。但是，正如顶级的交易者所发现的那样，洞察力、灵活性和控制能力（包括在管理风险和心态方面）可以帮助你在一段时间内以一致的方式在市场中保持盈利。

　　这些保持洞察力和灵活性的技能定义了2020年与2021年的市场差异。上升趋势会产生变化，尤其是当它们持续很长一段时间的时候。坚持执行一个可靠的且经过验证的交易计划是至关重要的。每名交易者都要根据自己的个性制订计划。但根据市场状况对其进行微调也是有益的，只是要确保不随着市场的变化而不断地从一种策略转变为另一种策略。精通某一种策略比杂而不精强得多。你的策略可以进行细微的调整或补充——在股票市场中，学习的过程是永无止境的。想要你的策略奏效，且牢牢管控住风险，你就要成为一名严格的纪律执行者。而一个有纪律性的方法是关键。严格执行纪律会让你保持正轨，随着时间的推移，会让你变得更加具有一致性。一旦你能够一致地执行你的纪律和方法，你的投资成果就将得到持续改善。

　　通过对几十年来最优秀的交易者如何取得成功有一个基本的了

结　语

解，你可以学到很多关于股票市场的知识。你也可以从他们的错误中学到很多。所有顶级的交易者都在研究以前取得成功的交易者。但是这些基础知识并不能直接让你变成一名成功的交易者——在市场上取得成功的道路是漫长而艰难的，而且常常令人沮丧。但阅读伟大交易者的相关资料，研究他们的交易策略是一个开始。研究图表也很重要。减少小道消息和噪声的干扰也很重要。记住，股价涵盖了一切。股价反映了每个人的意见、反应、决定和消息等。善于观察是另一个关键。你需要找到一个适合你的有效策略，从错误中学习，研究历史上最好的交易者和猛兽股，并在你的方法中保持纪律性。

下面我将列出一些最好的股票投资图书，它们曾经帮助过几代交易者。关于股票市场的著作有成千上万本，但真正值得学习和研究的屈指可数。这不仅仅是我的个人看法。许多顶级交易者都提到过这些图书，他们从中学习和理解了关键的基础知识。其中许多是几十年前的作品，至今仍是经典。我自己的书中就引用了很多。我读了数百本投资图书，虽然从每一本书中都能有所收获，但下面这些在市场与交易的基础知识方面提供了最好的讲解。

结　语

推荐作品列表

- ★《笑傲股市》 威廉·欧奈尔｜1988年出版
- ★《我如何在股市赚了200万》（ How I Made $2,000,000 in the Stock Market ）
  尼古拉斯·达瓦斯｜1960年出版
- ★《股票大作手操盘术》（ How to Trade in Stocks ）
  杰西·利弗莫尔｜1940年出版
- ★《投资生存之战》（ The Battle for Investment Survival ）
  吉拉尔德·勒伯｜1935年出版
- ★《威科夫股票日内交易的秘密》（ Studies in Tape Reading ）
  理查德·威科夫｜1910年出版
- ★《交易心理分析》（ Trading in the Zone ）
  马克·道格拉斯（ Mark Douglas ）｜2000年出版
- ★《股票大作手回忆录》（ Reminiscences of a Stock Operator ）
  埃德温·勒菲弗（ Edwin Lefevre ）｜1923年出版
- ★《股票投机原理与盘势解读》（ Tape Reading and Market Tactics ）
  汉弗莱·尼尔（ Humphrey Neill ）｜1931年出版
- ★《股票投机研究-卷1》 理查德·威科夫｜1925年出版

结　语

- ★《完美投机者》(The Perfect Speculator)
  布拉德·科特施瓦（Brad Koteshwar）| 2005年出版
- ★《像欧奈尔信徒一样交易》(Trade Like an O'Neil Disciple)
  吉尔·莫拉雷斯（Gil Morales）和克瑞斯·卡彻（Chris Kacher）
  2010年出版
- ★《股票魔法师Ⅱ——像冠军一样思考和交易》(Think & Trade Like a Champion)　马克·米勒维尼 | 2017年出版
- ★《股票魔法师——纵横天下股市的奥秘》(Trade like a Stock Market Wizard)
  马克·米勒维尼 | 2013年出版
- ★《笑傲牛熊》(Secrets for Profiting in Bull and Bear Markets)
  史丹·温斯坦（Stan Weinstein）| 1988年出版
- ★《你仍然可以在市场上赚钱》(You Can Still Make It in the Market)
  尼古拉斯·达瓦斯 | 1977年出版

关于作者

约翰·波伊克（John Boik）是《向最伟大的股票作手学习》(*Lessons from the Greatest Stock Traders of All Time*) 一书的作者，该书被《巴伦周刊》(*Barron's*) 评为2004年25本最佳图书之一。他还撰写了《传奇交易者如何赚得百万》(*How Legendary Traders Made Millions*) 和《猛兽股》，这两本书都得到了威廉·欧奈尔和《投资者商业日报》的认可。

致　谢

　　本书要献给那些为我们铺平了道路的开创型成长股交易者——理查德·威科夫、杰西·利弗莫尔、伯纳德·巴鲁克（Bernard Baruch）、吉拉尔德·勒伯、杰克·德雷福斯（Jack Dreyfus）、尼古拉斯·达瓦斯、彼得·林奇（Peter Lynch）和威廉·欧奈尔等。他们指明了方向，并将有价值的知识传递给新一代的交易者。

　　特别要感谢当下几位成功的交易者，他们同意在本书中被提及与介绍——吉姆·罗佩尔、伊夫·波波奇、奥利弗·凯尔、马修·卡鲁索、瑞安·皮尔庞特和罗伊·马托克斯。此外，尤其要感谢马克·米勒维尼，你的成就鼓舞和激励了许多人。

　　我想感谢Elite Authors的所有人，是你们帮助我完成了本书，很高兴和你们一起工作。感谢所有阅读本书的读者，我希望它能帮助你实现你的投资和交易目标。